新媒体时代博物馆发展探究

宁　娟／著

吉林文史出版社

图书在版编目（CIP）数据

新媒体时代博物馆发展探究 ／ 宁娟著 ． -- 长春 ：
吉林文史出版社，2022.6
ISBN 978-7-5472-8545-9

Ⅰ．①新… Ⅱ．①宁… Ⅲ．①博物馆事业－发展－研
究－中国 Ⅳ．①G269.27

中国版本图书馆 CIP 数据核字（2022）第 094751 号

新媒体时代博物馆发展探究

XINMEITI SHIDAI BOWUGUAN FAZHAN TANJIU

出 版 人	张　强	
作　　者	宁娟	
责任编辑	陈春燕	
装帧设计	杨　哲	
出版发行	吉林文史出版社	
地　　址	长春市福祉大路 5788 号出版大厦	
印　　刷	吉林省优视印务有限公司	
开　　本	787mm×1092mm　　1/16	
印　　张	10.875	
字　　数	172 千	
版　　次	2022 年 6 月第 1 版	
印　　次	2022 年 6 月第 1 次印刷	
书　　号	ISBN 978-7-5472-8545-9	
定　　价	58.00 元	

前　言

　　博物馆是一个城市历史的保存者和记录者，像一座城市的灵魂。博物馆是人类文明进步的见证，是重要历史文化的传播者，是人们思想认识升华的最佳地点。

　　我国博物馆创设由来已久，在改革开放初期，博物馆内的设施十分简陋，展品略显单一，博物馆解说全靠人工讲解，馆内的展览只能观看，趣味性较小；但从二十一世纪开始，博物馆内的设备就较为齐全，展品较多样了，高科技融入博物馆展览中，博物馆解说从人工讲解变为自动讲解器讲解，参观者可以通过计算机欣赏藏品，了解藏品更详细的背景资料，馆内还可以通过 VR 技术增加互动，使参观者拥有更佳的参观体验，趣味性增强。

　　本书以新媒体时代为背景，以实际问题为线索，详细地介绍了博物馆现阶段的社会责任、发展状况。通过对新媒体环境中博物馆的线上传播策略，分析其重要性和现阶段存在的问题，从而对博物馆本身进行更加细致的探究。本书编写形式新颖，表达方式独特，内容通俗易懂，有着很强的实用性，可以较好帮助想了解新媒体时代下博物馆发展情况的群众，具有一定的指导和借鉴意义。由于编者水平有限，书中纰漏甚至错误亦在所难免，敬请大家批评指正，以便日后修正、完善。

目　　录

第一章　博物馆的基础知识

第一节　博物馆的定义

　　"博物馆"按照《现代汉语词典》(第7版)解释为:"搜集、保管、研究、陈列、展览有关革命、历史、文化、艺术、自然科学、技术等方面的文物或标本的机构。"关于"博物馆"一词中的"博物",在中国古代文献中就有相关概念。晋代学者张华写过一本名叫《博物志》的书,在中国古代把知识渊博的人称为"博物君子"。在汉语中,"博"字有广大丰富的含义,"物"字则表示世间的各种物质,包括自然物质和人工制品,而"博物馆"中的"馆"主要是指各种公共建筑物。唐代以来,往往把专门保存、管理文物和讲论学问的建筑物称为馆。正因为如此,我们很容易把"博物馆"这一概念理解为是我们民族文化传统的延续,但这种看法并不完全符合历史事实。尽管中国古代就有专门收藏和保存文物的建筑与机构,但这一传统并没有发展出以公共教育为特色的近代意义上的博物馆。实际的情形是,我们今天使用的"博物馆"一词是近代从英文"Museum"一词翻译过来的。1971年版的《牛津英文大字典》将该词解释为"缪斯的所在地",是为了对缪斯(Muses)——宙斯和记忆女神的9个活泼女儿——表示敬意。在古代希腊，"Mouseion"往往被看作是供奉缪斯的神殿。

20世纪中叶以来，各国文化事业的发展也促进了博物馆事业的蓬勃发展，人们对博物馆的认识也逐渐丰富和不断深化，其中对博物馆认识最为突出的表现就是对其定义认识的不断深化。

目前，各国博物馆的机构设置和分工日益细致和明确，所承担的义务和发挥的功能也比较明确,但世界各国对博物馆到现在还没有形成一个统一的定义，不同国家对博物馆的定义有着不同的认识和理解。以博物馆事业较为发达的几个国家为例，美国现行的博物馆定义为：非营利的永久性机构，存在的根本目的不是为组织临时性展览，享受豁免联邦和州所得税，代表公众利益进行管理并向社会开放，而是为公众教育和欣赏的目的保存、保护、研究、阐释、收集和展览具有教育和文化价值的物体和标本，包括艺术的、科学的、历史的和技术的材料。此博物馆定义包括具备上述必要条件的植物园、动物园、水族馆、天文馆，保存历史记忆的街区、古建筑和遗址。韩国1991年12月发布的《博物馆和艺术博物馆促进法》中将博物馆定义为：博物馆是收藏、保护、陈列有关人类、历史、考古、民族习俗、艺术、动物、植物、矿物、科学和工业的物品的机构，为文化、艺术和科研的发展以及一般民众的社会教育的目的而探查和研究这些物品。

比较上述国家对博物馆的定义，虽然表述不同，但对博物馆功能的认识基本相同，各国都以管理、保护、保存、研究、阐释为基本任务，但在博物馆定义表述上各不相同，其原因主要是国情的不同和文化背景的差异。由于各国文化发展历程、对文化遗产的认识和保护进程都存在很大的差异，对文化遗产认识深刻，保护工作比较到位的国家，其博物馆定义中涵盖的内容比较多，对博物馆的功能和在社会发展中的作用认识也比较全面。以日本为例，日本对文化遗产的认识在19世纪60年代已经突破了物质文化遗产,提出了对"民族习俗"这类文化遗产保护，在制定《文化财保护法》时也包含了非物质文化遗产的保护工作。因此，在博物馆定义和博物馆工作内容的规定中，已经有现代文化遗产保护理念中的非物质遗产因素，这比其他国家的文化遗产保护理念先进了几十年。国际博物馆协会（ICOM）成立于1946年，是促进国际博物馆事业发展和理论研究的专业机构，是代表博物馆和博物馆专业的学术性国际组织，肩负保护、延续和向社会传播世界的自然遗产和文化遗产、有形遗产和无形遗产的重任。从成立到 2007 年的 60 多年间，国际博协先后多次对博物馆的定义进行了界定和修改。

1946 年，国际博协制定的章程中将博物馆定义为：博物馆是指向公众开放的美术、工艺、科学、历史以及考古学藏品的机构，也包括动物园和植物园，但图书馆无常设陈列室者除外。

1951 年，国际博协对博物馆定义进行了修订：博物馆是运用各种方法保管和研究艺术、历史、科学和技术方面的藏品以及动物园、植物园、水族馆的具有文化价值的资料和标本，供观众观赏、教育而以公开开放为目的的，为公共利益而进行管理的一切常设机构。

1961 年，国际博协对博物馆又进行了新的定义：以研究、教育和欣赏为目的，收藏保管具有文化或科学价值的藏品并进行展出的一切常设机构，均应视为博物馆。在博物馆的定义之外，还有几条对博物馆的补充说明，其中公共图书馆和档案馆拥有的用于永久展出的艺术陈列室；向公众开放的历史纪念馆和历史纪念馆的部分机构或附属机构如宗教遗存、历史、考古学和自然遗址；植物园、动物园、水族馆和人工生态园，以及其他展示活标本的机构；自然保护区等都属于博物馆范畴。

1974 年，国际博协在哥本哈根召开第 11 届大会，其章程规定：博物馆是一个不追求营利、为社会和社会发展服务的公开的永久性机构。它把收集、保存、研究有关人类及其环境见证物当作自己的基本职责，以便展出，公之于众，为大众提供学习、教育、欣赏的机会。国际博协对博物馆的定义进行了补充说明，在说明中除了 1961 年的四项补充说明外，还增加了科学中心和天文馆，这是博物馆定义的一次新发展，博物馆的内涵进一步丰富。

1989 年，国际博物馆协会在海牙召开第 16 届大会，通过的《国际博物馆协会章程》第 2 条再次将博物馆定义修改为："博物馆是为社会及其发展服务的非营利性的永久机构，并向大众开放。它为研究、教育、欣赏之目的征集、保护、研究、传播并展示人类及其人类环境的见证物。"这次的定义描述与1974 年相比，在对博物馆内涵的概括和功能及职责的界定上又有新提升。

1995 年，国际博协修改章程，以 1989 年博物馆定义为基础，补充了博物馆是为社会及其发展服务的、向大众开放的、非营利性的永久性（固定性）机构。博物馆定义的文字没有变化，只是对成为博物馆的补充说明变得比以前更加丰富，增加了"执行委员会经征求咨询委员会意见后认为其具有博物馆的部分或全部特征，支持博物馆及博物馆专业职员从事博物馆学研究、教育或培训的其他机构；从事与博物馆和博物馆学相关的文物保护、研究、教育、培训、记录和其他事务的非营利性机构或组织；符合前述定义的国际、国家、区域或地方性博物馆组织、负责博物馆管理的政府部门或公共机构"等，这使得博物馆的内容变得更加丰富起来。

2001年7月，在西班牙巴塞罗那召开的国际博物馆协会第20次会议上对博物馆的定义又重新修订，此次概念的修订总体上保持1995年的原样，只有对博物馆定义的补充说明中将用于保存、延续和管理有形或无形遗产资源的文化中心和其他实体纳入了博物馆的范畴，有形或无形遗产包含活的遗产和数字创造行为。这一范畴的纳入是国际博物馆协会适应国际文化遗产保护形势的发展，注意到非物质文化遗产的重要性和博物馆在非物质文化遗产保护领域所应有的作用和结果。

2007年8月，在维也纳召开的国际博协会议上，博物馆的定义又有了新的发展：博物馆是以教育、研究和娱乐为目的而征集、保存、研究、传播和展示人类有形的和无形的文化遗产及其环境的、为社会及其发展服务的、面向大众开放的非营利性的永久机构。

从国际博物馆协会对博物馆定义的发展来看，国际社会对博物馆功能的认识也在逐渐加深，从博物馆早期定义看，博物馆主要功能是开放的收藏机构，到20世纪六七十年代，博物馆功能演变为收藏、保管和研究等；最新的博物馆定义则将博物馆的功能定位在征集、保护、研究、传播、展示等多重功能上，博物馆定义反映出博物馆功能的演变趋势是从单一向多元方向发展的，从单一的收藏向征集、保护、传播、研究和展示等功能迈进，尤其是国际博协最新的博物馆定义中突出的传播功能，传播作为知识爆炸后的时髦用语，其包含了多方面的含义，不可否认以前博物馆的展示过程中也有传播的隐含功能，但目前把传播作为一项功能单独提出，在特定的环境下具有特殊的意义。

博物馆定义不断丰富的历程是和博物馆的类别不断丰富的过程相统一的。

博物馆从美术、工艺、科学、历史以及考古学藏品的收藏机构逐步扩大到人类及自然环境的见证物保存和收藏机构，从动物园、植物园和水族馆到科学中心和天文馆，从收集有形藏品的展出馆到从事保护、传承和管理有形和无形遗产（活的遗产和数字创造性活动）的文化中心和其他实体，国际社会对博物馆的类型界定越来越详细，这是人类对自身遗产认识不断加深的结果，也是对博物馆作用与功能不断延伸拓展和赋予博物馆更多价值期盼和要求的结果。尤其是2001年国际博协对博物馆的定义中，将从事保护、传承和管理有形和无形遗产（活的遗产和数字创造性活动）的文化中心和其他实体列入到博物馆范畴，说明国际博协认识到非物质文化遗产在人类文化遗产中的重要位置和所发挥的积极作用，尤其是其对促进世界文化多样性和区域内文化认同的重要意义，因此将非物质文化遗产也纳入博物馆的保护范畴，并多次以其为主题召开会议，探讨博物馆在非物质文化遗产保护中的作用和非物质文化遗产如何实现博物馆化保护的问题。2004年的国际博协大会和国际博协亚太地区第七次会议的主题着重探讨非物质文化遗产及其保护问题，国际博协对非物质文化遗产保护发挥了重要的推动作用。

第二节　博物馆的功能

博物馆是人类历史长期演变的产物，是人类文明重要的组成部分，是自然和人类遗产的主要保存和传播者。随着21世纪博物馆社会教育功能的增强，新的博物馆不断涌现，它已经成为21世纪科学文化事业发展中令人瞩目的组成部分，并以它对自然和人类文化遗产的保护、研究和传播所做的贡献受到各国政府和社会公众的重视。

由于不同国家或地区、不同时期以及不同类型的博物馆，在收藏藏品种类和数量、展览内容、信息传播范围和途径等均有所不同，因此博物馆所发挥的功用和效能也各不相同。这就决定了博物馆功能是随着社会的进步和博物馆自身的发展而不断扩展、延伸和完善的。现代博物馆必将发展成为一个多功能的社会公共机构。

关于博物馆的功能，虽然国际社会已取得不少共识，但不同行业组织、国家或地区之间仍然因为政治、经济、文化和体制上的差异而形成了并不完全相同的描述。如美国博物馆联盟认为博物馆的功能是"保存、保护、研究、阐释、收集和展览具有教育和文化价值的物体和标本",而英国博物馆协会则认为"征集、保护、展示文物和标本"的功能更加重要。其他如联合国教科文组织、法国等国际组织和国家也都有自己对博物馆功能的不同认识。总的看来,征集、保存、保护、研究、展示等应该是博物馆功能中最基本和最被广泛认可的,这些功能也都是博物馆应该努力做好的核心业务,是博物馆工作开展和良好运营的出发点和归宿。需要注意的是,教育在不少行业组织和国家是被设定为博物馆的终极目标之一,而不是列为功能要素。

博物馆最初的功能是文艺复兴时期发展起来的,那就是收藏功能。实际上,从旧石器时代晚期人类已开始有不同目的的收藏。14、15 世纪文艺复兴时期,王公贵族的私人藏宝室是收藏的主要场所,博物馆也因此起源于私人收藏,所以说收藏是博物馆最原始的功能。16、17 世纪,当时的帝国主义为了炫耀从殖民地国家掠夺来的文物和标本,开始对藏品进行研究,使博物馆除了收藏功能外,又有了辅助研究功能。18、19 世纪,博物馆工作仍以收藏为主,在工业革命深入发展和初等教育普及活动开展的形势下,受政治民主化的影响,博物馆逐步对公众开放,呈现了展示和教育功能的雏形。到了 19 世纪中叶,博物馆的收藏已开始为展示和教育服务,并不断加强对藏品的保护力度。20 世纪中叶以后,博物馆转向区域导向,被视为促进社会、经济、政治、文化发展的重要机构。

关于博物馆功能的研究论述很多,诺布尔在《博物馆宣言》中提出博物馆具有收藏(Collect)、保存(Conserve)、研究(Study)、解释(Interpret)和展览(Exhibit)五种功能。荷兰博物馆学家彼·得·冯门施把博物馆的功能归纳为保藏(Preserve)、研究(Study)和传播(Communication)。美国纽约自然史博物馆把本馆的功能写在馆徽上:教育(Education)、探索(Expedition)、研究(Research)。日本博物馆学界把博物馆功能规定为收集与保管、调查与研究以及社会教育三个方面。《中国大百科全书博物馆卷》把博物馆看成是收藏机构、宣传教育机构、科学研究机构。可见,各国博物馆用实践表明,博物馆的基本功能是收藏(Collect)、研究(Study)和教育(Education)。

收藏是博物馆最原始、最基础的功能,收藏使博物馆成为自然和人类文化遗产的收集者和保护者。这是任何其他机构所不能完全替代的一项社会任务。博物馆标本或文物的收藏与维护是博物馆的基础与命脉，也是博物馆建立的前提。博物馆藏品，具有多方面的意义：它是教育资源，陈列的展品，研究的根据，也是博物馆与观众沟通的媒体。

科学研究是博物馆的又一个重要功能。博物馆研究工作是研究人员揭示事物真相的表现，标本或文物的展示则是提供观众了解事实真相的机会，二者之间是互为一体的。如果一个博物馆没有专业研究人员对馆藏标本或文物进行深入研究与发现，就不可能激发观众的求知需求，满足观众的好奇心。所以具有高度研究质量的博物馆必定是观众所喜爱的。实际上，只有进行深入的研究，才有可能对藏品进行科学的整理、保管和展示。

博物馆科学研究是以服务社会、传播知识和教育观众为己任的一项公益性工作，博物馆的科学发展需要科研功能提供重要的支撑作用。在科研功能的基础上，可以增进人们对博物馆及其藏品的认识深度和兴趣，持续地发挥着博物馆在教育、经济方面的功能。

博物馆教育功能的发展是在博物馆收集藏品和科学研究工作的基础上展开的。它主要通过陈列展示，把科普知识用浅显易懂的语言与观众进行沟通，对观众产生潜移默化的影响，进而达到教育目的。由于博物馆教育活动可以提供给公众无与伦比的学习机会，加之博物馆教育的特性，因此博物馆在传播文化、传授知识等方面的作用，并非其他文化教育活动所能取代。由展示延伸出来的教育活动是博物馆教育的内涵。博物馆由于本身具有丰富的展示资源，而使博物馆教育内容非常广泛，同时也使博物馆的教育活动多种多样。博物馆的教育活动可以分为三大类型：第一，基本教育活动，包括主题展示、解说导览、影片播放、博物馆出版物等；第二，辅助教育活动，包括座谈会与研讨会、演讲、庆祝活动、巡回展览、特别展览、咨询服务等；第三，学校教育活动，包括课程设计、学校教育推广、教师培训等。

任何博物馆都会将展览与观众的互动性看成博物馆教育工作的核心。因为只有观众理解了展示的主题以及透过展示本身所表现出的深层次内涵，才能使展览具有说服力，使观众通过参观，产生自我满足的感觉，这样观众才愿意到博物馆参观，进而提高自身科学文化素养。

博物馆要实现以人为本的"科学发展",教育功能是其与人联系的主要纽带。博物馆的教育功能体现在传播文化知识、提高公众科学文化素质等方面。教育功能是博物馆一切工作的出发点和落脚点,是未来博物馆发展的科学路径。美国博物馆协会首席执行官小爱德华·埃博认为:"博物馆第一重要的是教育,事实上教育已经成为博物馆服务的基石。"1984 年美国博物馆界名著《新世纪的博物馆》中对博物馆的教育意义有如下描述:若收藏品是博物馆的心脏,教育则是博物馆的灵魂。1990 年,美国博物馆协会在解释博物馆的定义时,将"教育"与"为公众服务"并列视为博物馆的核心要素。

总之,博物馆是一个国家历史文化的缩影,也是一个民族精神文明的象征,而近年来我国经济快速发展,多元化的社会模式已逐渐形成,国人在精神生活需求上,也日益走向多元化的世界。因此,博物馆在现代所扮演的角色和功能也随之多元化。

第三节　博物馆的领航者与观众

一、博物馆的领航者

博物馆领航者,指的是馆长与负责业务营运的主管。业务主管各司其职,即便他们是同一领域的专家,也无法衡量各个主管着力的功效。但是博物馆运营得是否成功,除了客观环境因素外,馆长的管理、专业素养,也是很重要的条件。馆长不仅是各个主管的领导者,也是各业务的设计者。博物馆领航者应该具有活化博物馆的能力,并达到开发社会、服务社会的目的,博物馆的营运得朝向这个方向前进。但是博物馆设置条件特殊,并没有一定的规范,而要求提供资源、增进知识,使大众体悟生命的意义、生活幸福等价值,这是一项重大的人文工程,得有热心而负责的馆长全心投入工作,才能领导全馆提高工作成效。

因此,馆长任职的过程,要从其人格特质,或应该具备的条件中选择,换言之,馆长的任命与职务,应该要有一些基本的条件与应有的素养。他不是天生的,不是制式的,也不是完美的,当然更不是随意安置的。

对于馆长的定义,亦有明确的阐述,在此列举如下:1985 年爱迪生与丹恩在《博物馆手册》一书提出馆长的定义："馆长为该机构主要行政长官，任何时候皆须担任董事会和馆员之间的桥梁，该馆的研究人员未告知馆长及得到馆长同意时，不得自行会见董事会或任何与馆内行政管理有关的个人。"还说："提供博物馆概念上的领导人，负责政策募款、计划、组织、人事、监督和馆员间的协调。馆长亦直接负责博物馆的营运。"馆长的责任与权限有明确的要求。前者标示出馆长是董事会决策的执行者，也是执行营运的人，后者则以馆长的多层任务为目的，来选择用人标准。馆长不仅是博物馆风格的厘定者，更是社会活动的主导者，例如：葛兰瑟和南纳托合著《博物馆：一个工作场所》一书指出："馆长为博物馆风格设定基调，现任馆长的博物馆管理贯穿整个机构和人员。馆长对馆员、董事和群众而言是博物馆的脸面，这是一个非常庞大的责任，既要管理、启发、引导一个称职的博物馆馆员团队，要与他们分享观念，又要有倾听能力，并确实地反映给董事会。如果领导力、外交手腕、正直、管理、幽默感、人际关系技巧是你所具有的才能，也许你该立志当一名馆长。"

加州大学怀特画廊前馆长托尼利曾说："有些日子我完全在募款，并从事有关的人际关系工作；有时我是一名外交官，会见来自不同国家的人，另一些时候我则是一位学者，致力于研究写作，我仍然会教书。有许多时间花在管理的事务上，与馆员共事。为了预算、监督人事等，我可以形容我的工作，在某一方面像是一个小型商店的经理，但另一方面我又要具备学术和美学感受性。此外具备献身的热忱很重要，尽管这么多艰难和阻碍，博物馆做的是很重要的工作。"前密瓦基州公共博物馆史达馆长认为，馆长必须具备有关领域的知识背景，并且有此领域的哲学内涵，同时自己也是一位精于专业的管理经理，至少要有一项很专精的专业技术，否则无法带动博物馆的运作。纽约市立美术馆麦当劳馆长也认为当一个杰出的馆长就是和团队里的人在一起工作、共事，包括与馆员和董事会的沟通，并基于合作、信任、礼貌及了解人的定位时，公私分明。

因此，若要定义馆长，他应是博物馆的领航者、策划者、管理者，更是政策的执行者，是在财务筹措、人际关系、人才应用、社会互动等方面缺一不可的专才，同时更肩负着历史、文化、教育的使命。

对于馆长的职责，细化来说，在于博物馆营运的效益上，不论他的任命或遴选是如何产生,他都是博物馆运作的灵魂人物,因此博物馆馆长的任用条件,必有相当繁复的过程。当然,有人认为馆长与一般行政主管没有什么不同,只要有高深的专业技术,良好的人际关系,依法办事,也算得上称职的馆长;也有人则认为博物馆是一种文化事业,也是教育场所,馆长必不同于一般的公务人员,或是企业的领袖,其除了具有一般领导者的条件外,还要有使命感与责任感,并且在博物馆专业领域上,有较多的专业知识与技能。

现在就五个方面陈述博物馆馆长的条件与特质:

(一)馆长作为领导者的条件与素养

担任博物馆馆长最起码具备的条件是健康的身体、活泼的个性、精细的思维、热情的服务、高尚的理想,必须要有执行业务的能力。除了具有上述条件外,还要具有创造的能力,洞察先机,对事物判断灵敏,而且有提升博物馆的策略。

若进一步探讨,领导是一门学问,也是一项艺术。领导指的是能完成一项任务或群体工作的有效指导者。领导者必然有见识过人、积极进取的特质。如当下管理学家柯维博士说的"原则型领导的八项特质",即领导者应以"原则"为中心,具有(1)不断学习,全神贯注;(2)服务至上,责任为先;(3)散发积极的能量,态度乐观;(4)信任别人,心存感激;(5)均衡生活,学习经验;(6)生活充满趣味,尝试新发现;(7)相信合则两利,分则两败;(8)进行自我更新的特质。

作为博物馆的领导者,要有高度的热情与敏感度,有牺牲和奉献的精神,要有服务社会的能力,有达成文化生活的使命。上述举例,只是柯维提出的原则,但领导人的性质与要求不止这些,他需要说话得体。换句话说,若一个人一味聪明但气势咄咄逼人,谁愿意与他合作?若没有过人之处,谁能尊重他?

(二)专业领域

具备专业领域素养,对于博物馆馆长来说是项基本要求。博物馆的专业领域究竟有多少?无法计量,但可以说,能把博物馆营运成功的能力与素养,都是它的范围。对于博物馆,可区分"物"与"人"的部分,"物"指的是藏品的搜集与选择,是文物品、艺术品、文献等史料、史实的论证与精选,包括维护、修护与考据,并且还原其"真实性"的面貌,它是馆长首先要认识与喜爱的专业。因为"物"的真实性,包括了人为的要素,因此,馆长对"物"的藏品，必须有专业的鉴赏水准。其次是"人"的层面，馆长与之互动，不仅在人际关系，或社会生活中，更重要的是要了解博物馆是为"人"所设、为"人"所用，所以不论硬件建设或人文层面，它的专业都是在活化"物"的资源，包括"物"所涉及的文化的、历史的、艺术的内涵，心理的、教育的意义，规范与法令、科学方法与自然学科的人文精神，馆长都要清楚明了，才能胜任工作。

（三）学术深度

国际博物馆学会成立宗旨，有一项是保护并呈现藏品的研究工作，即博物馆是个深层的研究机构，在学术领域上，依其性质而有不同考古或采集标本，作为学术研究的资源，亦为教育的基础。馆长必须具备这方面的能力，至少能够领导学术研究，使展品得到广泛而独到的剖析，将其学术层次加深。其间涉及教育学、心理学、社会学、艺术学的学问，才能选出最完善、最美的、最真实的展品，才能呈现博物馆的张力，在判断其于历史与文化上的意义时，馆长的学术深度与要求，是项重要的指标。虽然博物馆研究员担负研究工作，但如何知人善任，指定承办者，或评估其学术能力，馆长得有先见之明，否则凡事犹豫，信心消失，领导其何有哉。

（四）活动力与使命感

对馆长是否胜任，是一项很明确的标杆，活动力指的是行动的积极性，绝不拖泥带水，在处事方式上，即知即行，没有等待的理由时，就得立即执行工作。当然活动力，包含在馆长个人的行事作风上，如他必须有服务的意识、亲和的态度，并且要有组织、动员的能力，尤其要有好的判断力，才能及时完成任务。

至于使命感，其是一种真切的个人体验，是一种无形的精神力量，是一种内在感情的抒发。馆长一旦拥有了使命感，自然就会获得相应的智慧和能力。当然使命感的获得也需要个人意志力的坚持，这也是使命感的动力来源。

（五）建立价值

传统的价值观，在于秩序、伦理与奉献，现代的价值观是创造、法理与分享，馆长的价值观作为一种特殊的价值观念形态，区别于一般价值观的本质。担任馆长要在这项理念中，保持一份乐观进取的态度，寻求有益于大众的工作目标，诸如博物馆功能中的休闲、资讯、实证与沟通，是人类知识与情感获取的来源，当然要深刻理解博物馆的相关功能才能完成这项工作。

馆长必备的条件或特质，并不是要有一致性的标准，可依博物馆性质分门别类，如何成为称职的馆长、如何才算是杰出的馆长，如若制订客观的标准，不是容易的事。但博物馆营运是否适当，应该有迹可循。例如学术研究水准、展览效果、教育活动、典藏品质、观众人数与观感、馆际合作与交流、文化行销、出品数量与质量、持续发展与信誉、媒体报道与意见等绩效，亦可归纳出馆长的领导风格与见地。

馆长是全馆的领航者，并不在官职头衔上，而是在职务的责任上。虽然他是公务人员，却也是教育者，是社会工作者，是贴近社会发展基调、面向民众的文化工作者。馆长任职的条件与特质，除前述的大纲概念外，仍有数项原则，必须遵行。

其一，馆长必须是以小我完成大我的人，以"服务"的精神代替"公务管理"，是有理想、有目标的社会服务者，实践"至善"的人性价值，因为馆长不比一般行政管理，除了公务规范外，更应重视人际间的沟通与交流。

其二，馆长是"热心"的工作者，也是有"决心"与"信心"的人，对于博物馆业务的执行，事先要有计划、有步骤、有方法。带领馆员的态度，在决心与信心的带动下，必须增进团体工作的成效，成就博物馆的事业。

其三，馆长要有"能力""魄力""毅力"。有能力才能知人善任；有魄力才能突破难关，创造新机；有毅力才能持之以恒，延续发展。馆长必须承担责任，能洞察先机，又能冒险与创新，能干、肯干地持续服务。

其四，馆长必须是个能够"接纳"与"分享"的人，以团体智慧为力量，依各个部门或主管提出的构想，会商后再决定行动。尽管有良策，但仍然需要接纳相关信息，以增进其执行力，若事务目标达成，则归于整体的努力，让全体同仁荣辱与共。

其五，馆长必须是行动果断的人，不可犹豫不决，事实上，思虑周密之后，应该要有冒险精神，因为有些工作是要立即决定的，有些新观念是要尝试运作的，若只是因循前例，岂有创造精神？柯汉说："行动要大胆，没有时间供你谨慎，这是应该冒险的时候。你必须果断下决定，不要拖延。"馆长必须有主控情势的能力，否则馆务必然松散。

其六，馆长是懂得行销观念的人，换言之，他必须重视"成本"与"时限"

两大因素，博物馆固然不是商业行为，却是知识经济的重要环节，尤其是文化产业，它扮演了重要的角色。因此，成本是馆长必须知道的常识，不论是争取预算，或寻求赞助，应该将工作成本，或活动项目的成本计算详细，评估它的回收效益。如博物馆的观众与服务人员的数量，其中要研讨的，不能花巨额经费，落得只有观众稀疏，甚至服务人员比观众还多，这是不合乎成本概念的。其次是成本也反映在时限的要求，任何一个活动从研究到准备再到执行，每一步都有时限要求，除了不可抗拒因素外，没有例外。例如每一项展览都需要研究成果，才能展出成品，那么，图录必须事先完成，否则展过了无痕，此展览就失去意义了。时限的设置，馆长的敏感度是很重要的，如何取得信息，如何将信息有效应用，或判断它的张力，必须及时敲定，否则时过境迁，什么事也做不成。

其他的细节当然繁复，在博物馆管理上，亦与社会组合之问题相似，岂有一体万用的规律，只举出其大要与客观性的条件作为参考。因为人性各异，文化背景不同，所处环境也不一样，如何因地因时因人而制宜，或许也是馆长必须明确判断的，领导者必须走在前面，而不是后面推挤。

馆长的职业繁复，就领导与管理方式而言，虽然都具民主时代的管理理念，但仍有传统与现代方式的交互，即立体式与平面式的领导管理方式。

馆长指挥全馆运作，虽具有威权与提纲挈领的效果，但无法完全了解馆员与基层的意见与作为，有时候会失去共识，造成疏离感。若博物馆是整体完善的圆形运作，它的重心偏于一端，馆长、主管、馆员对博物馆专业运作，便无法完善、圆满。

馆长的领导以服务性为主，包括对主管、馆员的服务，馆长不宜一直居于顶端的位置，他是移动的中心，也是重心，他可以支援各个部门，属于博物馆整体运作的轴心，领导在工作时，应时时提醒自己的责任与任务。

二、博物馆的观众

（一）博物馆与观众

在已有的文献中，对"博物馆的观众"已有定义。王宏钧主编的《中国博物馆学基础》中将博物馆观众定义如下："社会公众是一个十分宽泛的概念，是一个十分庞大驳杂的人群，那些来到博物馆或曾经来馆参观的公众，是博物馆观众。那些至今还没来过博物馆的公众，可以被看作是博物馆'潜在的'观众，潜在的观众是需要我们努力争取而来的，是博物馆未来的观众。"这个定义中将观众分为来到博物馆的观众、曾经来馆参观的观众和至今还没来过博物馆的观众。虽然，有学者认为走出博物馆就不可再称之为博物馆的观众，但本文认为，走出博物馆的观众也是博物馆观众研究工作的重要对象，观众研究的场所并不限定在博物馆实体建筑内，因此走出博物馆的观众也可算作博物馆观众。

《中国大百科全书·文物博物馆卷》在20世纪90年代出版，其中"博物馆观众"词条定义如下："博物馆萌芽时期，宫廷、教会或宗庙以及私人收藏，仅限少数人观赏。21世纪的博物馆已成为面向全社会开放的文化教育机构，不分年龄、文化、信仰，只要有人身自由，并购买参观券，均可成为博物馆观众。""人身自由"和"购买参观券"的限定在今天看来有点不可思议，以这个作为观众的定义已没有时代意义。

吉林大学文学院博物馆学系教授史吉祥将博物馆观众定义为："观众是博物馆环境的直接体验行为人的集合体。"首先，博物馆环境由馆舍建筑、庭院、讲解服务以及购物等软硬件构成。博物馆的展陈是博物馆环境的硬件主体，那些采取科技手段所营造的，如三维幻影成像、水幕映画等等氛围也属于博物馆环境范畴。比如在柏林的犹太人大屠杀博物馆中，它没有任何经典意义的展品实物，取而代之的是阴暗冰冷的光源、如泣如诉的音乐、阴冷的空调温度和一间空旷的展室，还有地板上布满恐怖的、张大嘴巴的人脸浮雕。虽然这间博物馆没有展品实物，但依靠特殊手段营造的气氛也是博物馆的环境组成部分；其次，对于博物馆观众来说，体验是其接触博物馆信息的主要方式，美国的福克和迪尔金1992年合著的《博物馆体验》(The Museum Expericence) 一书出版后，体验一词被博物馆界频繁使用。最后，该定义将落脚点放在"人的集合体"上，"集合体"由若干可独立的同类个体组成。每个组成集合体的个体都具有共同的本质属性。"观众"这个集合体，就是由一个个具体的人组成，其具有整体性的特征。

上述所指"观众"的概念来自史吉祥教授所述，但本文中的"观众"不仅指进入博物馆观看展览的观众，还包括已走出博物馆的观众，以及从未去过博物馆的"潜在观众"，也就是"非观众"。本文中的"观众"指代一切博物馆"观众研究”的对象。

观众之于博物馆，就如空气之于人类一样。我们没有空气便无法生存；同样的道理，博物馆如果没有观众，就变成了仓库，不能称为一座博物馆。观众是博物馆事业的参与者和创造者。随着博物馆行业的发展，“以人为本”逐渐代替了过去“以物为本”的发展理念，博物馆为观众而生，因观众而活，因观众而发展，观众成了博物馆关注的重心，博物馆的服务一切都应从观众的需求出发。现代社会的博物馆不仅仅是一般意义的收藏、展览、研究、服务机构或场所，更是一个促进个人的全面发展、面向未来的公共文化教育机构。博物馆观众，既是博物馆信息传播的接受者，也是博物馆服务的对象，从某些程度来讲，博物馆观众还是博物馆工作的参与者和创造者，观众之于博物馆，是“益友”，更是“良师”。

早期的博物馆之于观众，是艺术殿堂、学术机构，观众更多是作为一个艺术的景仰者或接受教育的对象出现，观众的地位是被动的。随着时代的变迁，人们文化水平的不断提高，博物馆不再高高在上、遥不可及，而是融入大众的日常生活中。观众开始主动走近博物馆，博物馆已经逐步演变成能满足人们休闲、学习、社交等多种需求的场所。由于诸多因素的影响，观众心目中的博物馆形象往往与博物馆自身给出的定义不一致。要消除两者间的差异，从博物馆角度来看，一方面需要增进对其观众的了解，提供更多切合观众需求的展览活动及服务；另一方面为观众提供更多与博物馆交流的机会，吸引观众走进博物馆，加深对博物馆各项工作的了解。

观众研究为博物馆与观众之间的交流架起了一座重要桥梁。通过研究观众，使博物馆工作者更加了解观众的需求及期望、参观行为及心理以及观众对博物馆的印象和评价等，这些信息将为活动策划者在开展博物馆展览活动时提供重要参考；通过观众研究，为观众提供了平台来了解和反馈与博物馆相关的信息，成功的观众研究在一定程度上代表了博物馆对于观众的承诺以及追求卓越的愿望，并为达到这个愿望而不断地去实践其各项承诺的决心。博物馆观众研究是博物馆各项工作的起点和基础，是对观众的研究，也是为了观众的研究，观众是研究对象，也是研究的最终受益者。

（二）博物馆观众研究的内涵

博物馆观众研究属于博物馆学的研究范畴，可分为理论研究（构建博物馆学理论）和实证研究（指导博物馆具体工作），本文侧重于后者。对于博物馆工作而言，"博物馆观众研究"是指对博物馆现有观众和潜在观众的构成类型、心理需求与期望、行为动因和发展、审美反应与博物馆经验等不同方面进行的社会科学研究。它以实用主义为目的，采用科学的方法收集相关数据并结合社会学、统计学、心理学等其他学科知识归纳分析数据，以期帮助博物馆在不断变化的新形势下正确规划、评估自身各项工作，更好地满足观众日益增长的各项合理需求，它是一项长期、持续的动态研究。

观众研究遵循一般研究的规律：目标的设定、方案的设计与实施、结果描述与分析。明确的目标、优化的方案是确保观众研究顺利开展的前提条件；实施过程是展开调查的过程，包括收集数据、统计分析数据，这是观众研究最重要的环节。科学地选择分析方法，才能为博物馆工作提供更具参考价值的数据。

（三）博物馆观众研究方法

1. 观察法

随着互联网的日益普及，网络信息的大量涌现，观众研究的方法也更加丰富起来。目前在博物馆观众研究中常用的方法是观察法、问卷调查法。

观察法是有计划地用自己的感官或借助科学的观察仪器与装置，对所要研究的对象进行系统的观察和考察从而取得研究资料的方法。观察法的成功与否取决于观察的目的与任务是否明确、观察和记录手段是否适当以及观察者的经验是否丰富。

观察法有如下优点：

（1）客观真实。观察者不与观众面对面交谈，只是以旁观者的身份观察观众的行为举止，被观察者不受或极少受到外在因素的干扰，呈现更自然放松的状态，因此收集到的资料更加客观真实。

（2）实效性强。被观察者的参观行为一旦发生，便容易被及时记录下来，因此所获信息资料时效性更强。

（3）连贯性。观察法既可以固定观测点，对不同观众进行观察；也可以固定观察对象，对同一个观众或观众群在场馆内做较长时间的反复观察与跟踪观察，从而对他们的行为趋势做分析。

观察法的局限性体现在：

（1）受观察对象的限制。有些资料无法通过对观众的观察直接获取，如年龄、职业、教育程度、居住地、观众参观动机等信息。

（2）受观察者本身的限制。人的感官都有一定的生理限度，超出这个限度，很难做到直接观察，所以观察往往难以精确化。人的观察受主观意识的影响，不同的人有不同的意识背景与理论框架，因此，对同一事物的观察，往往带有各自的主观性，难以做到客观化。

（3）受观察范围的限制。观察法一般采用固定的观察点或固定观察者的观察领域，这两种方法无论哪一种均无法摆脱博物馆场地的束缚。在博物馆观众研究工作中，观察法普遍用于获取观众参观过程层面的相关数据并分析观众与展示环境的切合度，并以传统观察法（人工观察统计）统计参观流量、记录参观行为。参观流量的统计具体指选取特定的观察点，统计某时段的个体观众或群体观众的数量，以及参观者停驻的时间。将观众人数进行统计并结合观众个人基本资料进行分析，就可得知参观博物馆观众人群的情况。"参观时间"所包含的内容不仅是观众参观博物馆所花费的总时间，还包括观众在每个观察点停留的时间，甚至进一步具体到观赏每一件展品、阅读说明文字、使用互动装置、观看多媒体影视等细节上花费的时间。记录参观行为是指选取个体观众或群体观众，对其行为（包括语言）进行跟踪观察记录，包括观众的参观路线选择、导览设施的使用情况、在参观过程中遇到的障碍、与他人的互动等。观察法的基本原则是尽量减少对被观察者的干扰，让观众在自然状态下呈现其自由行为。

观察法应用案例介绍

耶鲁大学教授爱德华·鲁宾斯（Edward Robinson）及亚瑟·麦尔顿（Arther Melton）自 1928 年开始，在美国博物馆协会的赞助下进行了长达十年的观众研究，该研究系统地探讨了影响观众在展厅内注意力及参观路线的因素，使用的主要方法是仔细地观察观众在展厅内停留的时间和展览对观众的吸引程度。

恰克博士（Dr.Chuck）在《家庭讨论触摸池生态学》（Families Talking about Ecology at Touch Tanks）一文中，运用观察法对家庭观众参观触摸池塘（水族馆）的相关展览进行跟踪研究。选取以包含成人和儿童的家庭为研究对象，将他们在参观过程中的互动对话及视频通过科学的方法记录下来并进行定量和定性分析。包括生态话题相关的对话时间与家庭总对话时间的比率、生态话题中产生于家庭间的比率以及产生于家庭与工作人员间的比率，将所获取的声音及视频内容分为倾听、分析、解释、综合四类，统计各类的比率等。

故宫博物院 2007 年 10 月—2008 年 4 月期间先后进行四次大规模观众流量调查。在故宫开放时间段内（8：30—16：30），选取故宫博物院的主要区域（通道、殿宇、展室共计 70 多个记录点）进行观众流量统计，分别得出不同时期、不同时间、不同地点的观众流量数据指标。其观察员由经过统一培训的工作人员担任。在对这些数据进行分析时，还需要结合流量调查期间不同的外界因素对观众流量的影响，如刮风下雨对参观人数的影响，高温天气与参观人数的关系，周末和节假日对观众人数的影响，以确保数据分析的准确性。以上均为传统观察法案例，在新媒体广泛应用的今天，随着科技的发展，脚踏垫的测压器、应用无线射频识别技术、人流量统计视频监控系统、眼动追踪系统逐步在博物馆推广，让传统的单纯依靠人力技术的观察法有了更广泛和精准的应用。

（二）问卷调查法

问卷调查法是通过向被调查者发出经过科学设计的简明扼要的调查表，收集其对问题的答案及建议，从而间接获得观众资料的一种方法，其中抽样问卷调查是最常用的方法之一。问卷调查法的成功与否取决于问卷的设计和样本的选择是否科学合理。

但要注意以下几点：

（1）明确调查目的。调查目的决定了调查问卷的设计及实施，如果只是将所有想了解的问题毫无逻辑地堆砌在一张问卷调查中，不仅会让观众产生疲劳反感的情绪，而且使博物馆的调查者对收到的反馈信息产生迷惑，从而影响问卷数据的分析。考虑到问卷的题量，问卷问题不宜过多，一次集中精力调查一两个主要问题为宜。

（2）问题设计上，语言上要规范、简洁明了，尽量避免频繁使用专业术语，减少容易引起歧义的语言；提问要中立，避免带倾向性和暗示性的词语；不能引起被调查者的焦虑；一个问题只能回答一个方面的情况；问题层次清晰，避免重复;题目以封闭式问答为主,开放式问题不宜多;单选题为主,多选题少量。

（3）答案设计上,将重要的答案放在前面;答案不能出现博物馆不可能实施的措施,避免观众不切实际的期望。

（4）设计初稿完成后,需要进行模拟调查测试,以确保问卷的可操作性。

（5）抽样调查所选取的样本要具有代表性,一般采用随机抽样的方法。用问卷调查法的应用案例介绍问卷调查法是博物馆观众研究最常用的方法,从历年文献资料来看,普遍用于观众投入层面的调查以及观众参观结果层面的调查。

20 世纪 30 年代,北美博物馆开始运用市场调查法来了解观众的意愿,运用统计学的方法对观众的心理和反应进行评估,它是博物馆获得反馈信息的重要手段。其普遍的做法是使用标准调查问卷,了解观众对藏品的具体反映和评价,这也是调整和改进博物馆工作的指导手段之一。但这类调查存在一个缺陷——仅限于正在参观的人群,不能反映全部公众的观点,也不能反映博物馆及其活动在人们文化生活中的地位,所以调查的范围应扩展到博物馆以外的地方。

加拿大政府曾组织大型的以博物馆与观众为主题的社会调查,力求了解博物馆的实际观众和潜在观众两方面的情况。调查中,人们不但谈到了对博物馆的印象,还提出了许多建议和要求,对于博物馆策略的制定起到积极作用。

故宫博物院 2007 年 6 月—2008 年 5 月针对观众结构进行了一次大规模调查,采用的主要方法是问卷调查。首先确定了调查目的和方案,根据不同方案设计调查问卷,然后组织人员培训并实施,最后获取大量数据并进行统计分析。此次调查建立了故宫博物院观众信息数据库,为故宫博物院今后工作的开展提供有力的数据参考。此后每年,故宫博物院都有观众满意度调查,同样采用问卷调查法,将传统的现场问卷与现代的网络问卷进行有效结合,从而得出更准确、更有效的观众满意度调查。

随着互联网的普及,让传统的问卷调查由线下发展至线上,突破了现场调查的诸多局限。具体的流程是:博物馆工作者根据实际工作需要设计好调查问卷并将其发布到网络上,感兴趣的网民可以在网络页面上填写问卷,提交后数据将自动进行保存,即完成一份问卷调查的存档。博物馆定期收集填写完成的问卷调查并运用科学的方法进行统计分析。目前,已经有很多专业市场调查团队开发出了功能强大的在线问卷调查系统，为博物馆提供问卷设计与发布、数据收集整理、结果分析与总结等全程专业的定制服务，博物馆无需考虑网络技术因素，只需将精力用于问卷内容设计以及发布空间的选择上即可。

其优点如下：

（1）节省了大量人力和物力的投入。其成本主要体现在支付网络设计费以及数据处理的费用上，通常只有传统调查费用的10%左右，每份问卷所要支付的费用几乎为零。

（2）样本数量增多。网络调查不会受到空间的限制，与过去的抽样调查相比，调查范围可扩展到全国甚至全世界的观众。

（3）时效性更强。网络调查能在很短的时间内开始调查，不受博物馆开闭馆时间的限制，可全天24小时开展，并迅速得出有意义的结论，实时掌握观众的动向。

（4）网络调查避免出现人工填写及统计上的失误，能够更好地控制问卷的质量。传统的问卷调查对于填写内容及统计结果没有检验措施，只能依赖调查人员的信息核对。网络问卷调查能预先设定检验条件，对填写内容及统计结果自动校验复核，避免出错；网络问卷调查可使被调查者进行身份验证，这样能更有效防止信息采集过程中的舞弊行为。

（5）数据处理由计算机完成，节省人力。

（6）调查结果更具可信度，被调查者是在完全自愿的原则下参与调查，而且不受传统模式下调查员及周围环境的影响，因此结果更真实。

网络问卷调查也有其局限性：

（1）问卷调查回收量受网站人气的影响，人气较旺的网站参与调查的观众会更多。

（2）样本的群体特征受网站性质、网民的特征影响。网络问卷调查一般是匿名调查，网民的真实身份信息无法核实。

（3）调查内容上受问卷调查的局限，无法对观众的心理及参观行为进行调查研究。

（4）被调查者重复填写问卷，对调查结果造成重复的干扰，尤其是有奖问卷调查，这种可能性更大。因此选择具有较高知名度和人气的网络平台，尤其是需要会员注册的网站进行问卷调查，将有利于回收量的提高；同时加大宣传力度，让更多的人认可和接受网络问卷调查这种方式。

（三）常用观众研究方法小结

从历年博物馆观众研究文献来看，除以上介绍的观众研究方法外，常用的还有访谈法、实验室法等。

这些观众研究方法的共同特点有：

（1）以博物馆为发起端，博物馆根据不同的目的，有针对地做出各种前期设计，从而产生想要获取的数据并进行收集。

（2）所收集的资料大部分为结构化数字数据，可通过统计学方法进行数据统计和分析。网络问卷调查法和新型观察法，在一定程度上减少了时间、空间以及人力资源的限制，在数据获取的广度和数据分析的深度上均有很大提升。

（四）基于社交媒体的博物馆观众研究新方法

随着科技的不断发展，数字化博物馆、智能导览系统、微博、微信等互动平台在博物馆得到广泛应用，这些集知识性、互动性、娱乐性于一体的新媒体平台，不仅增进了博物馆与观众之间的互动与交流，同时也产生了数量庞大且能有效反映观众特征、行为、心理的数据。海量数据的涌现，为博物馆观众研究提供了丰富的素材，这些数据大多以文本、图片、视频、声音等非结构化形式存在。博物馆大数据时代的到来，改变了传统的数据收集、存储、分析方式，传统的观众研究方法因此将面临巨大挑战。

首先是数据产生的改变。以往的观众研究通过问卷调查、访谈、模拟实验、现场观察等方式获取资料，调查人员需要提前介入（或设计调查内容，或选取观察地点，或布置实验环境），被调查者在一个精心布置过的环境中接受调查或者被观测，从而产生相关的数据，调查者能决定所能收取资料的内容及样本数量，其数据的产生受到博物馆的控制。基于网络数据的博物馆观众研究，数据来源于观众在网上发表的各种信息，这完全出于观众的自主意愿，其内容是不可控的，数量也是不可控的。博物馆无法在观众数据产生前介入，只能收集已经产生的观众数据，其数据的产生不受博物馆的控制。

其次是数据收集、分析方法的改变。网络数据最大的特点是海量、形式非结构化。其数据收集分析方法有两种：

第一种方法是通过人工收集已产生的数据，并按照一定的标准分类，将非结构化形式转换成结构化形式，再利用统计学、心理学、社会学等相关学科知识进行分析。由于其操作技术上要求较低，当数据量尚未达到一定程度时，这种方法是非常可取的；第二种方法是大数据挖掘法，利用计算机技术，直接对各种结构化或非结构化的数据进行深度挖掘分析。大数据挖掘技术的优势在于能够处理海量数据，但技术上要求较高，需要专业团队的操作。

2013 年 10 月，华盛顿大学和斯坦福大学的伍德（Spencer A.Wood）和盖瑞（Anne D.Guerry）等人在《自然》(Nature) 杂志上发表《使用社交媒体来量化自然旅游和休闲》(Using Social Media to Quantify Nature-based Tourism and Recreation) 一文，文章主要针对自然旅游景点的观众的访问率进行研究。他们认为社交媒体 Flickr（全球最大的照片分享网站）是一个新型的观众研究数据来源。在研究中，通过 Flickr 提供的公开 API（应用编程接口）来收集观众发表在 Flickr 上的照片的元数据，包括拍摄时间、拍摄地点（部分照片上有经纬度标记）等，作出图表分析，从而判断哪些景点的访问率更高，访问时间更长；同时，利用观众注册的个人信息来推导观众的分布来源地。通过这种新方法所获取的研究结果，与之前利用人工方法取得的研究结果基本一致，并且有效节省了人力资源和时间，从而证实这种方法是可行的，具有推广价值。

第二章　博物馆走向观众的桥梁——传播

第一节　"传播"是博物馆连接观众的桥梁

博物馆与观众之间的密切关系能使博物馆的社会价值得到更好的发挥。那么，博物馆如何才能走近观众呢？博物馆的"传播"功能是博物馆接触观众最直接的途径。一般而言，博物馆在重视观众需求的经营理念的驱使下"抵达"观众"心房"的过程是：博物馆根据观众的需求选择或创造相应的传播信息，通过一系列传播途径传递给观众，并与观众进行互动交流，在这个过程中了解观众需求并为了满足观众需求从而改善服务。澳大利亚博物馆学者唐纳德·霍恩曾提出，在博物馆"抵达"观众的"心房"这一过程中，阻碍博物馆与公众（观众）关系良性循环的核心问题是公众（观众）与博物馆在文化上、专业上的隔阂，以及公众（观众）与博物馆社会责任之间的隔阂。那么，如何才能减弱甚至消除两者间的隔阂呢？笔者认为，"传播"是博物馆连接观众的桥梁。

传播学对传播的定义是"人与人之间、人与社会之间，通过有意义的符号进行信息传递、信息接受或信息反馈等活动的总称。"传播的完成需要具备五大要素：传播者、受传者、信息、媒介和反馈。我们从"传播"的定义及其包含的关键要素中可以发现"传播"不仅注重信息传递、信息动态的过程，还注重传播者和受传者之间的互动和反馈。这与当代博物馆想要拉近与观众之间的距离，并与观众之间形成良性互动、反馈的诉求不谋而合。因此，"传播"策略的运用将有助于博物馆与观众之间形成良性互动和反馈关系，从而有利于减少或消除博物馆与观众之间的隔阂。这也是博物馆的"传播"功能产生并得以发展的原因。

博物馆对"传播"功能的认识不是一蹴而就的，也是随着博物馆公共化进程的变化而逐渐发展的。对于博物馆而言，"教育"功能是博物馆走向观众的主要途径，而"教育"最主要的目的也是实现知识以及文化的传播，即教育也可谓是"传播"功能的一种表现形式，只是这种"传播"带有说教式的口吻，是自上而下、单向、线性的。博物馆传统的传播观念是"酒好不怕巷子深"，而当代博物馆面临的问题是"酒好也怕巷子深"。当代博物馆所处的是多元文化竞争的社会环境，因此博物馆想要吸引公众的注意力，更好地为社会和公众服务，则需要进行自我推广与宣传。如今，博物馆越来越重视与公众之间的互动性，在这样的时代背景下，博物馆需要转变传播理念和方式，对传播模式进行研究势在必行。

综上，"传播"在博物馆与观众之间扮演着桥梁的角色，行之有效的传播策略有助于减少甚至消除博物馆与观众之间的隔阂。当代博物馆面对多元文化竞争的时代背景，需要转变传播策略，探索新的博物馆传播模式。那么，博物馆传播应如何定义？博物馆传播模式经历了怎样的发展变化，存在哪些主要问题呢？在本章，笔者将对这些问题通过博物馆传播相关理论进行梳理。

第二节　博物馆传播的定义

我们在探讨博物馆传播模式的变迁之前，需先明确博物馆传播的定义。然而，目前学者们对博物馆传播的直接定义相对较少，笔者仅见李文昌对"博物馆传播"进行了定义：博物馆传播是指以研究、教育和欣赏为目的，利用博物馆对人类和人类环境的见证物进行的信息交流、共享的传递行为。从此定义中，我们可以看到博物馆传播是一种信息交流、共享的行为过程，传播的内容是博物馆特有的人类和人类环境的见证物及它们所包含的信息。然而，关于博物馆传播的目的，笔者对李文昌先生的观点并不认同。在他的定义中，博物馆传播是以实现博物馆对人类及人类环境见证物进行研究、教育和欣赏为目的。笔者认为博物馆传播的直接目的是为了将博物馆内文物及展览等信息传递给更多的人，最终目的是发挥博物馆的社会作用，实现其社会价值。当然，博物馆通过"传播"与观众进行互动，随着观众求知与审美需求的不断提升，博物馆被要求提供更具教育意义和审美价值的展览内容与形式，也被要求提升自身的藏品研究能力，以更好地满足观众的文化需求。

史吉祥曾言："博物馆的功能是指博物馆通过收藏有价值的信息载体和整理、传播信息而发挥的社会作用。"可见，史吉祥认为博物馆传播的前提是收藏有价值的信息载体，并对其进行整理，而博物馆传播的目的是使博物馆收藏的文物所承载的信息能发挥社会作用。这一点与笔者对博物馆传播的最终目的的看法相一致。此外，关于博物馆传播的途径，有学者进行了较为具体的介绍："现代博物馆中广泛运用多媒体、数字化技术、多维电影、触摸屏等高科技手段以及图书、宣传彩页、海报等平面宣传品作为传播媒介使博物馆的整个传播活动立体化、丰富化。"而在互联网和社交媒体迅速发展的当今社会，博物馆之外的媒体才是目前博物馆营运成功的必要条件。由此可见，当代博物馆正在探索系统化的传播策略或模式，通过馆内和馆外各类传播媒介的合作以更好地实现博物馆的传播目的。

结合上文对博物馆传播的内容、目的及途径等相关内容的论述，笔者对博物馆传播进行定义：博物馆传播是博物馆运用系统化的传播策略或模式通过馆内外各类传播媒介将收藏物所承载的信息传递、共享给观众，使博物馆与观众之间形成信息交流、互动与反馈，从而实现博物馆社会功能和社会价值的重要途径。本章将继续采用此定义展开相关问题的探讨。

第三节 博物馆的传播模式

博物馆传播是随着博物馆与观众关系的发展而逐渐产生的。早期博物馆不存在观众的概念，也不存在任何传播手段。公共博物馆的教育、传播功能逐渐发展，才促使了博物馆传播方式的变迁。公共博物馆早期的传播主要是围绕着实物展开，受当时社会条件和社会生产分工的影响，形成了具有集约化、规范性、精英性、权威性、线性、以产品为导向的特点。早期博物馆传播人员通过对实物的基本解读，将实物的物理信息以及所包含的历史信息通过简单的实物陈列传递给观众，博物馆工作人员与观众之间未形成任何的交流和互动。在单向线性的传播模式中，观众无法将想法与需求反馈给博物馆传播人员，而博物馆传播人员也无法通过观众的反馈信息来进一步改善服务。这一传播模式下的博物馆只是通过简单的实物陈列，将博物馆传播人员对实物的解读传递给观众，即完成了"传播"，不采取任何观众调查的方式了解观众的想法，也不关心观众的文化需求或参观感受，缺乏与观众的互动。

可见，早期博物馆的传播模式受大众传播模式影响较小，主要围绕"物"以及陈列展览展开传播，缺少对博物馆与观众之间的互动反馈以及大众媒体等传播媒介的关注。在单向线性的博物馆传播模式下，博物馆与观众之间始终存在隔阂，博物馆无法了解目标观众的兴趣点，更不能与观众形成互动交流。因此，单向线性的传播模式无法有效地缩短博物馆与观众之间的距离，博物馆社会功能和社会价值的发挥受到了一定限制。然而，随着博物馆事业的发展，博物馆越来越需要了解观众的需求，需要走近观众以更好地实现自身的社会价值，同时观众的文化需求也随之增长。因此，博物馆需要调整传播策略，以增强博物馆与观众之间的互动和交流。

20 世纪初，以德意志科学技术博物馆为代表的一批动手型科技博物馆通过互动参与型的展览改变了传统博物馆"传递者→媒介→接受者"单向线性的传播模式，以"互动参与"为原则使得博物馆的传播方式变为"传递者→媒介←接受者"。可见，随着博物馆的发展，博物馆展览的传播方式逐渐从单向、线性往互动、参与的方向发展。博物馆不仅在传播实践上逐渐注重陈列展览的互动性和参与性，同时在理论上也借鉴不断发展的大众传播模式从而探索博物馆的传播模式。

1970 年，赖特（Wright）和科尼兹（Knez）利用信息编码和解码的概念提出博物馆信息的传播模式。在该模式中，博物馆馆长决定传播的内容和信息，通过"实物"媒介以及由"实物"衍生出来的陈列展览或其他拓展媒介将信息传递给参观者，参观者解读信息并反馈给博物馆。这一过程较早期博物馆单向、线性的传播模式而言，增加了互动和反馈环节。学者杨静坤也参照大众传播模式对博物馆传播模式进行了探索。他的传播模式基本体现了博物馆传播的主体、对象、媒介、过程甚至反馈等几大要素，其中"反馈"环节的增设也和赖特（Wright）和科尼兹（Knez）的传播模式一样弥补了早期单向线性博物馆传播模式的不足，使得博物馆与观众能通过观众调查或观众留言等方式进行互动与沟通。因此，大众传播模式给博物馆传播带来的突破性贡献是引入了互动反馈机制。学者杨静坤、赖特（Wright）和科尼兹（Knez）提出的具有互动反馈机制的博物馆传播模式在博物馆与观众之间建立了互动、交流的平台，但学者杨静坤等人提出的博物馆传播模式仅关注了具有博物馆特色的传播媒介——实物和展览陈列，而忽视了大众传播拓展传播媒介的作用，导致互动渠道和反馈渠道都较为单一。另外需关注的是，赖特（Wright）和科尼兹（Knez）的博物馆传播模式与学者杨静坤的博物馆传播模式在反映社会环境、社会关系对传播媒介选择以及传播过程的实现等方面都有所欠缺。

随着大众传播模式的发展，乐俏俏等学者借用德国学者马莱兹克提出的"大众传播模式中的社会系统传播模式"对博物馆传播模式进行了补充和完善。该模式将传播过程看成是整个社会大系统中的一部分，强调在考察传播过程时绝不能抛开环境的影响，要研究传播过程中涉及的种种社会关系。我们可以发现社会系统传播模式将传播效果影响因素、传播要素以及传播效果反馈等方面都囊括在传播模式中。博物馆传播也涉及多种社会关系，对于当代博物馆的传播来说，需要着重针对传播的过程进行全面、深入的分析，如传播的内容、传播的形式以及传播的效果等因素。在马莱兹克传播理论模式的指导下，博物馆的传播模式用"媒介"总括了实物、展览以及其他拓展传播媒介，同时也逐渐关注到传播者和接受者所处的社会环境、相互关系以及互动作用。随着博物馆的传播模式从单一线性式逐渐发展至互动反馈式，博物馆与观众之间的互动、反馈的途径有所增加，但信息反馈渠道单一以及缺少信息的互动仍然是我国博物馆传播实践普遍存在的问题。虽然博物馆传播模式随着大众传播模式的发展而逐渐完善，但是该模式仍未结合当代博物馆传播的实践以及互联网数字技术与社交媒体迅速发展的时代背景下进行细致而深入的探讨。例如传播媒介包括哪些，它们内部之间如何分工合作，博物馆传播人员如何选择传播内容以及传播媒介，通过哪些具体的途径与观众实现互动等问题都有待进一步思考。

第四节　博物馆传播存在的问题

学者乐俏俏对博物馆传播的途径进行了总结，她认为博物馆信息输出的一般途径主要有两种，一是将藏品信息转化为文字符号，以论文、报纸、杂志等各种平面出版物的形式向外输出；另一种是利用实物或辅助展品等构成陈列展览，这也是博物馆传播的主要形式。然而，随着大众媒体的不断发展以及博物馆教育理念的发展，博物馆传播的途径也日益多元化，如广播、电视、网络、学术讲座以及教育活动等。近年来，在互联网数字技术以及社交媒体大环境的影响下，博物馆传播的新形式不断涌现，例如数字博物馆的建设、博物馆展览中互动设备的运用、博物馆官方微信和微博平台的开通、数字化导览系统的开设等。因此，总结目前博物馆传播的主要途径，笔者认为主要有四种形式：一种是博物馆特有的"面对面"的传播形式即实物或陈列展览，这是博物馆最主要且最具自身特点的传播形式；第二种是围绕展览展开的讲解、学术活动和教育活动等拓展活动；第三种是传统大众传播媒介支撑下的平面出版物、广播电视宣传报道以及官方系列网站等拓展传播媒体；第四种是依托于互联网技术但不同于一般大众传播媒介，能突破时空限制又能发挥观众主动性的博物馆系列微博、微信等社交媒体平台。

学者单霁翔提出："传统博物馆的展示方式，由于受时间、空间的限制，无法满足参观者的个性化需求，而信息传播方式的革命，拆除了博物馆文化的壁垒，博物馆网站、数字化博物馆、虚拟博物馆等的探索与实践，使博物馆文化的传播方式呈现跨越式发展的趋势。"上文提到的第一种和第二种传播途径所开展的传播活动受到时空限制，因此在满足观众需求方面具有一定局限性；而第三种和第四种传播途径借助一般的大众传播媒介和社交媒体突破了传播活动的时空限制，其中基于社交媒体的传播活动相较于一般大众传播媒介而言更具互动性和参与性。如今博物馆的传播方式已经使得博物馆观众突破了时间和地域的限制，通过互联网、移动终端等随时、多次参观或使用博物馆，使得博物馆观众在数量上激增，并从个体参观向群体互动发展，由被动接受向主动学习转变，增强了博物馆文化的辐射力。社交媒体较一般大众传播媒介而言，带给博物馆的不仅是传播技术层面的发展，更多的是传播理念的革命性转变，然而，现有的博物馆传播模式并未结合当代博物馆所处的社会环境和具体实践做进一步的调整，导致社交媒体在博物馆领域内的实践找不到理论支撑。社交媒体与博物馆的其他传播媒介之间的关系如何，在博物馆传播模式中扮演着怎样的角色，如何发挥其优势，如何坚守博物馆传播"真实性"的特点以及"面对面交流"的优势等一系列问题在博物馆现有的传播模式中都找不到答案。因此，随着移动互联网的发展以及传播媒介的改变，博物馆如何利用蓬勃发展的社交媒体更好地满足大众需求，这成为博物馆需要研究的课题。面对社交媒体的不断发展，博物馆的传播模式亟须更新。

第五节　博物馆呈现的思维与挑战

21 世纪是博物馆成长的世纪，新理论与技术的应用，除增强了博物馆的功能，也让博物馆于精神意义及其所呈现的美学上，更为丰富多样，因此博物馆将面临新的问题与冲击，而需要有新的思考空间。21 世纪也是人类生活力求精致的世纪，而博物馆营运，则成为社会发展、社会开发程度的重要指标之一。

在诸多博物馆营运的经验里，一般人都认为博物馆是个很高水准的文化事业单位，学者也在这种认知倾向上，对博物馆存在的意义做了探究。因为各国在博物馆的设置、营运、功能上，均做了深切的关注与投入，博物馆被喻为国家开发的新生力量。综观先进国家，无不在博物馆事业上，群策群力，希望在发展自己国家的过程中，能以厚实的文化力量，作为提升大众知识的根源，并据为生活价值的标准。在美、法、德、英等国，有关博物馆的理论知识，除了设有专门的研究机构外，在大学、研究所学程内，亦有丰富的研讨文献与课业。

鉴于过去博物馆经营的理念，参考国际博物馆发展趋向，我国博物馆开始进入转变升级阶段，迫切需要探索新的展陈模式，以解决当前主流博物馆展览的表达方式与信息时代背景下人们的接收方式之间的矛盾和差距，进而推动我国博物馆展览水平和社会服务高质量发展。

当前，博物馆展览呈现以人为中心，多元化思维表达，强社会关联性、启发性和探索式教育等发展趋势。从主体意识来看，从以物为中心转向以人为中心。以往博物馆展览以藏品为主，"我"有什么，就展什么，并辅以灯光效果、文字说明等增强"物"的表现力，这是一种单向输出的教育方式。而现今博物馆则强调以观众为中心，即重点关注观众想要了解什么，这并不代表一味的迎合，而是站在"服务者"的角度，通过了解观众的需求，来调整展览的主题和内容。尤其在数字化虚拟技术的帮助下，一些不以藏品见长的博物馆正迎来更多的发展空间。

从主题和内容来看，博物馆讲解从线性讲述转变为网状叙事，风格变得多元化。比如伦敦自然历史博物馆和英国广播公司、华纳兄弟娱乐公司合作，举办了"神奇动物：大自然的奥秘"主题展览，将《神奇动物在哪里》一书中存在于幻想世界的神奇动物与真实自然界的动物进行比较，以生动的多媒体技术，将虚拟展览与实体展览进行结合，探索二者之间的联系。因此，我们认为通过呈现魔法、神话世界和真实世界的动物的相似性，来展示科学发现和人们知识的进步，是一种有趣的做法。

从形式和方法来看，从刻板化的陈列方式和解释说明转向故事化代入和启发性探究，借助技术实现场景复现和情景设置。如印第安纳波利斯儿童博物馆，在展厅中构建了三只恐龙对战的场景。并非运用文字、图片或影像分别介绍不同种类恐龙的特点，而是以问题作为引导："这场对战中霸王龙会是胜利者吗？"通过提问、假设，激发好奇心，引导孩子们主动思考，不仅能获得知识，还能培养孩子们的学习方法和思维方式。

同时，展览的内容和形式更加注重观众的参与性和体验性，使观众融入展览之中，通过物联网及信息传感等技术手段，使观众成为展览中不可或缺的组成部分，感受个性化的博物馆。在印第安纳波利斯儿童博物馆里，就有关于科学家测量恐龙、新物种发现的日常分享活动。此外，长沙博物馆也举办过"考古体验营"，模拟发掘长沙窑遗址的过程，组织青少年学习考古发掘的步骤、工具和意义。

当前大部分博物馆展览的主流表达模式犹如传统教育的"说教"，按照教学大纲（展览提纲）我说你听。博物馆策展人掌握着展览的主动权和阐释权，观众则处于被动接受的位置，在参观过程中，只能按部就班地欣赏展品、浏览说明牌和图文展板、观看视频短片，偶尔操作一下多媒体互动装置，总体感受平平淡淡，什么也记不住。尤其是科普教育展，往往追求系统性、专业性，却因知识体系的重叠而无法吸引城市观众的兴趣，又因知识体系的繁复而无法吸引乡村观众的兴趣，最终导致一种徒劳无功的尴尬。

与此同时，处于信息技术广泛应用的时代，人们获取信息的途径越来越多。以互联网百科为例，大家聚在一起共建、分享、完善某一知识，浏览网页时点击关键词便能获取相关资料，这种层层链接可以铺展开无穷尽的知识网络。又如人们已经习惯如微博、微信这类获取片段的、发散的信息平台，感兴趣就停留观看，不感兴趣就直接跳过。你会发现，现代人对于学习，完全以个人兴趣为导向，自己决定学什么、学到哪种程度。因此，传统博物馆的"教育者"模式仅是单向线性的知识和信息传输，并未考虑观众的接受与否，也没有给予多种路径的选择，很难满足观众"我想知道"的需求。

早期的博物馆展览通常是简单地陈列标本和文物，并配合说明牌和音像设备加以讲解。伴随着时代的进步，逐渐形成了主题内容与艺术设计的结合，产生针对展示环境的营造，利用专业的灯光色彩、空间设计等方式烘托展品，从视觉效果上提升了审美趣味。但对主题内容和展示内涵的表达仍显苍白：多媒体设备应用只停留在增强艺术感和科技感的层面，展品表达仅以物言物、就事论事，局限于线性思维之中，缺少与观众之间的关联性和互动性，观众自然达不到启发。

近些年，研学实践教育需求急剧上升，培养多元思维、创新思维、主动学习和探究能力成为未来的教育发展趋势，而博物馆正是研学实践教育的重要场所。与之相对应，国家对博物馆提出了充分发挥社会教育功能的要求，各类博物馆推出的众多配合教育活动的陈列展览中也出现了一些优秀的案例，深度解读的展示系统初步显现。但从整体来看，与研学实践教育的目标理念，仍存在较大差距。

当前，国内博物馆的信息化建设尚处于初级阶段。在展品资源方面，如文字资料、照片图像、三维数据、影音视频等，尽管信息化已经开始普及，但普遍存在盲目采集、质量不高、标准不统一、使用目标未明确等问题。这也就意味着展品信息化只是将说明牌上的文字写进电脑存储器、将展现在面前的实物搬进电子屏幕，从静态的实物信息转变为动态的虚拟信息，并没有真正发挥新技术带来的丰富场景和应用体验的优势。笔者认为，信息化展示设计应当建立博物馆与观众沟通的桥梁，如美国大屠杀纪念馆利用互动装置，为观众精心构建了一次"穿过展馆"的旅程,留下难忘的心理感受和情感记忆。可见,信息化技术既是转变信息存储的渠道,又是增强参与性和体验性的支撑。

从博物馆的大数据应用来看,目前还停留在数据统计层面,如藏品数量、展览数量、活动数量、票务收入、参观人次及参观人群的年龄、性别、来源等,这些结构化数据受制于统计工作的局限,在时效性和应用性方面无法形成价值赋能。事实上,就展览而言,观众行为形成的多是非结构化数据,时刻产生、时刻更新,如某个观众在某一展品前停留的时间、在触摸屏上点击的项目、与互动展项的一来一往、购买的文创产品……这些数据反映的正是观众的兴趣和需求,也是博物馆赖以生存的社会基础。

综上可知,技术变革正在推动整个社会的发展,也将倒逼博物馆走向信息化和智慧化道路。虽然当前博物馆展览体系在信息技术建设与应用方面还处于起步阶段,在体制、经费、人才等方面都存在各种困难,但阵痛一定会有,我们务必做好准备,让技术成为博物馆展览适应新时代发展需求的助推器,从心态上接受、从理念上转变、从模式上创新、从方法上丰富、从应用上完善。

欲解决当前博物馆展览的主流表达方式与人们对知识获取需求之间的矛盾和差距,首先要转变展览的理念,从"教育者"的角色变为"服务者"的角色,从单向的信息输出变成双向的信息交流。

其次,博物馆亟待一套新技术、新应用来辅助博物馆进入更高层次的启发式、探究式的展览表达,引导并激发观众的好奇心。基于信息技术应用的博物馆展览交互系统,既适于原有陈列的更新,也适于新理念在新展览中的应用,能够快速捕捉到观众的情绪表达,并作出响应。

下面以一只玻璃杯为例,具体介绍信息时代博物馆展览交互系统如何服务于个性化的知识获取。观众走到玻璃杯前,驻足欣赏,浏览说明牌,这是目前大部分博物馆展览的方式,它所表达的只是展品本身,仅起到展示的作用。当展览融入交互系统时,观众停留在玻璃杯前,展览的互动装置开始启动:通过红外线传感器感知到有人来到展台区域,智能机器人主动向观众打招呼,吸引观众的注意力并引导观众自发提问,如杯子为什么是圆形的?这时的展览表达进入第二层次——启示。当观众提出自己感兴趣的问题时,展览交互系统通过触摸屏或语音接收器接收信息,传入系统后台经数据处理,根据关键词检索知识库，或借助专家团队组成的人工智库，对问题进行反馈，由此形成"引导—提问—解答"的互动交流模式，这一过程可随着观众的持续发问不断循环，这时的展览表达进入第三层次——探究。

基于信息技术的展览交互系统的优点是：（1）提供个性化服务。依托持续更新的大数据和强大、专业的智库力量，打造服务型知识供给后台，兼容传输、处理、保存等智能方式，可根据观众的表情、动作、语言所传递的信息，经过系统处理并给予反馈，解答多样性的问题。（2）增强交互性。不同于传统的展览，只摆放展品，抛出引子而不闻不问。展览交互系统构建了"你来我往"的互动交流，如果观众有疑问，可通过与前端设备沟通寻找答案；如果观众没有疑问，则会引导观众进一步思考，在启发中有所收获。（3）实现探究性。展览交互系统在海量知识图谱数据的基础上，以前沿的展览理念围绕展品储备丰富的趣味性问题，带领观众在主动探究的过程中享受乐趣。（4）价值延展性。展览交互系统在与观众持续交互的积累中，形成了丰富的观众行为数据，这些数据蕴含着观众的真实需求，对展品的提升改进、主题的呈现表达、文创产品的开发设计等具有重要的指导意义。

现代博物馆对信息技术的应用和智慧博物馆建设已成必然趋势。展览交互系统有助于博物馆展览从"我说你听"的教育模式，转变为"服务"和"交流"的模式，通过持续"输入—输出"的互动交流，达到高阶层次——启发和探究。同时，展览交互系统通过循序渐进地积累观众互动数据，在基于科学依据和大数据算法的应用上，将不断优化服务性展项和互动体验，形成博物馆服务型信息平台生态系统，推动智慧博物馆建设，助力博物馆高质量发展。相信在未来的博物馆里，面向不同观众的展览不再是千篇一律的，而是一千个观众能收获到一千种不同的体验。

第三章　博物馆的社会责任

伴随着博物馆定义确立以"为社会及其发展服务"为宗旨，国际博物馆界将"有助于人的发展与愉悦"作为博物馆的任务。博物馆服务社会的理念无论是体现在以专业化为基础的博物馆功能方面，还是体现在以社会化为基础的博物馆职能方面，都逐步拉近了博物馆与广大民众的距离，从而改善了博物馆的公共形象。目前，博物馆自身虽然存在一些亟待解决的问题，但是更为关键的是博物馆如何更多地参与到社会发展的进程之中，对于全世界的博物馆来说，这都是现实的和永恒的挑战。

第一节　博物馆的社会责任与社会发展

一、博物馆职能与社会服务

博物馆的建立与发展已经有了很长的历史。从根本上讲，博物馆是人类尊重历史、珍视艺术和崇尚科学的产物。但是，博物馆作为人类社会的一种文化现象，从诞生伊始就被打上了贵族文化、精英文化的标签，在发展的初期缺少社会服务意识。早期的博物馆多是以古物收藏宝库的形式存在，即使是被称为

"全世界第一个对公众开放的大型博物馆"的大英博物馆，在最初的阶段由于开放时间的限制、申请程序的烦琐，普通社会民众难以利用，因此未能融入社会生活之中。整个19世纪，博物馆对于社会民众来讲是冷漠的，没有或仅有少量博物馆作为公众服务设施对外开放。直到1945年以后，随着社会环境和公众要求的变化，博物馆的社会角色也开始发生变化，逐渐产生社会服务意识，博物馆文化开始与"贵族文化"拉开了距离，知识传播逐步代替"宝物收藏"，这也成为博物馆更重要的主题，但是变革的步伐依然缓慢。20世纪60年代以后，真正的公众博物馆的概念才逐渐明朗，博物馆的工作重心开始逐步向社会服务倾斜。20世纪80年代，世界进入"博物馆繁荣"的时代，国际博物馆领域也确立了为社会服务的宗旨。与此同时，博物馆的功能不断拓展，在延续文化遗产征集、保护、诠释等功能的同时，对当地经济社会发展也起到了重要的推动作用。

30多年来，全世界博物馆的数量不断增长。博物馆在社会文化教育中的作用日益凸显，博物馆为社会服务的理念日益深化，博物馆的文化力量得到空前的释放，博物馆越来越深入地融入社会。今天，博物馆早已不再是当年"贵族的客厅"，也早已摘下了"高雅的殿堂"的神秘面纱。博物馆改革的重要目标是实践真正的社会服务。博物馆是当代民众与历史、文化对话的空间，是提高公民素质和培养文明市民的第二课堂，是提高城市品位和塑造文化城市的标志设施。正如F.恩格斯（F.Engels）所说："博物馆是一座城市的眼睛。"博物馆在社会服务的道路上不断探索，以更加积极的姿态关注社会、服务社会。博物馆不应该仅仅是收集记忆的地方。然而，在相当长的时期内，博物馆在办馆宗旨上还存在"以物至上"的倾向。文物藏品固然是博物馆事业发展的基石，然而保存、研究博物馆文物藏品的主要目的，终究还是为了文明的传播与传承，即在妥善保护好、研究好文物藏品的前提下，根据现实发展需要，合理释放博物馆藏品所包含的文化内涵，使更多的人感受到人类文明成果的丰富、灿烂和辉煌，使广大民众得以借鉴、吸纳、继承前人的生存智慧和发展经验。

真正现代意义的博物馆，在我国仅有百余年的历史。但是，博物馆在各个历史时期都毅然选择了先进、积极的文化方向。博物馆在保藏中华文明物证、弘扬中华传统文化、培育地域文化认同、构建爱国情怀等方面，发挥了重要作用。在此背景下，博物馆如何改变原有的封闭式管理与运营模式，如何更好地为社会及其发展服务，成为博物馆面临的新课题。事实上，我国的博物馆有联系社会、融入社会、服务社会的传统。例如当年东北博物馆自建立之初，就筹办了"伟大祖国历代文物展览""生产工作演进史"等陈列展览，并于1954年起组织流动展览小组，赴长春、大连、抚顺等25个城市和地区进行巡回展出，在全国首创了流动展览这一服务社会的展览形式，受到博物馆界的重视和社会民众的欢迎。在国际社会，20世纪60年代以来，一些国家推行"把博物馆送到民众中间"的理念，"巡回展览"的模式在瑞典和前苏联十分流行，经过数十年的努力，在许多国家都取得了不同程度的成功，其中主要的成功模式之一是"流动博物馆"，例如法国的林德汽车博物馆，印度的加尔各答汽车博物馆、班加罗尔的工业技术博物馆，坦桑尼亚的国家博物馆流动展览车，美国和加拿大更有众多各具特色的流动展览车。

博物馆是推动社会变革与发展的文化力量。在我国，博物馆的教育功能、社会效益及公益性质，都是为了满足社会大众的需求。博物馆作为公益性社会文化服务机构，其使命就是"为社会及其发展服务"，不断满足广大民众日益增长的精神文化需要，促进人的全面发展。这些也是公共文化机构的本质特征，是实现公民文化权利和文化福利的重要内容。博物馆拥有大量珍贵的文化资源，是别的文化机构难以提供的特殊的知识源泉，在博物馆中人们的文化需求得到满足，精神得到愉悦。同时，博物馆所积累的丰富的经验性资源，使其在区域性、全球化的世界里发挥独特的社会作用。随着科技革命的迅猛发展和全球化浪潮所导致的生产方式和社会结构的变革，博物馆工作的性质和特征不断发生新的变化，博物馆工作的组织结构及运作机制也出现了新的特点，需要新的创意与之对应。现代意义的博物馆不再仅仅是保护物质及非物质文化遗产的场所，还应该是一个底蕴深厚的社会文化机构，担负着传承文明的社会责任，而社会责任是博物馆的生命价值所在。今天，博物馆文化对社会责任的关注是文明进步的标志，彰显出人们的人文追求和精神品位。正是在这一背景下，要求对博物馆的功能与职能有新的定位。

目前，博物馆联系社会、融入社会、服务社会的基本功能定位问题并未解决，在传统观念影响下，一些博物馆和管理部门仍将博物馆仅仅看作文物藏品保护和研究的机构，将博物馆工作看作部门性、行业性、专业性的工作，认为自己是国家文化遗产的守护人，只对政府管理负责，对学者研究负责。在这种认识的影响下，一些博物馆知识垄断的观念根深蒂固，往往仅从学术角度用专业语言来阐释文物藏品内涵，指导陈列布展，开展各项活动；一些博物馆习惯于坐等参观者上门，对自己的陈列展览宣传不够，社会民众对于各类展览信息和博物馆举办的各类活动了解甚少；一些博物馆仅根据文物藏品特点来确定所传播的知识与信息，而对广大民众的需求与关注热点反应迟缓，甚至予以忽视，从而在公众心目中形成博物馆"保守、刻板、迟钝"的印象。理论与社会生活实践的脱节，严重影响了博物馆的社会形象，使其与广大民众之间存在距离感。在建立公共形象方面，博物馆已落后于社会发展的需要，进而影响到博物馆服务社会的效率与质量。博物馆缺乏必要的亲和力以及凝聚力，博物馆文化没有融入社会经济文化发展的浪潮之中，也没有使博物馆真正成为产生意义、体验快乐的地方。

当前情况出现了转机，随着博物馆努力纳入国民教育体系的尝试，博物馆事业与国计民生的联系日益紧密，"全国博物馆向全社会免费开放"项目的实施，博物馆正在成为文化遗产事业中与公众接触最频繁、联系最紧密、影响最广泛的平台。时代需要博物馆的社会责任从保护文化遗产延伸到服务社会并促进社会和谐发展。如今，国际博物馆界已经明显地感觉到，博物馆的公共形象越来越影响到博物馆吸引观众的数量以及社会支持的力度，对于博物馆的生存和发展越来越具有实际意义。尤其是近年来快速发展的信息技术已经成为一个放大器，任何人对博物馆的建议和评价，都可以随着媒体、网络的传播被无限放大，进而在很短的时间内影响更多民众对博物馆的印象。因此，顺应社会发展趋势，构建博物馆的公共形象，作为一个亟待展开的新课题，已经引起博物馆界的关注。一方面，在博物馆工作中不能仅仅"以物为中心"，而应该同时"以人为中心"，以"为社会及其发展服务"为中心；另一方面，博物馆通过建立亲切的公共形象，引导市民将博物馆视为良师益友，将博物馆作为终身教育的课堂、文化休闲的场所，使博物馆从市民生活的旁观者变成参与者。同时，博物馆应担负起主动关注社会诉求、预测社会热点的责任，通过专题展览、咨询服务、交流互动等各种手段对社会舆论予以正确引导。

以往，我国的博物馆基本上是以收费参观的形式服务社会，博物馆免费开放之后，最显著的变化就是观众数量的增多。以河南博物院为例，自 2008 年 3 月下旬正式实施免费开放至同年 7 月底，累计参观人数 53.6 万人次，这一数字甚至超过了 2007 年全年的参观人次，体现出广大民众对博物馆免费开放举措的认可和响应，也是博物馆社会地位和影响力提升的重要标志。事实证明，免费开放为博物馆事业的发展营造了良好的社会氛围，注入了新的活力。博物馆界应以此为契机，提高社会服务水平，加大宣传引导力度，逐渐使参观博物馆成为社会公众的一种生活方式、一种文化习俗、一种休闲习惯，使博物馆成为培养公民文化素养的沃土。但是，博物馆免费开放之后，也暴露出一系列问题，例如：一些博物馆基础设施相对薄弱，难以适应免费开放后各项工作的正常进行；一些博物馆安全设施相对简陋，难以适应观众，文物和博物馆本身的安全要求；一些博物馆服务设施相对缺乏，难以适应一般观众，特别是特殊群体的服务需要等。种种新问题的出现，说明目前博物馆的发展滞后于服务主体的变化。面对新的形势，博物馆的社会教育工作需要加快进程，社会服务理念需要进一步提升，避免出现由于参观人数的增加，观众的需求被忽视、社会服务水平下降的情况发生。

对于博物馆而言，"为社会及其发展服务"就是努力使博物馆与观众之间相和谐，就是努力使博物馆文化与民众文化需求相协调，就是努力使博物馆事业与社会进步相统一，就是努力使博物馆的社会效益最大化。服务民众是博物馆的天职，如果不主动融入社会、拉近与公众的距离、增强博物馆文化的亲和力，博物馆就难以成为社会公众精神文化生活中不可或缺的组成部分，博物馆自身也不可能获得生存和发展的广阔空间。"以人为本"的理念模糊了身份、地位、收入、文化水平等方面的差别，消除了分享博物馆价值方面的障碍，使博物馆成为所有民众文化生活的一部分，增强观众参观的知识性和参与性，提高观众对服务的满意度，这已经成为"为社会及其发展服务"的最好诠释。为了更好地贯彻"以人为本"的理念，博物馆在发展过程中越来越注重针对性、多样性、新颖性、参与性和自主性，以此来增加观众的满意度，满足不同观众的求知欲望和好奇心理，以贴近生活来体现生活的现实意义，以丰富多彩的活动满足观众的多方面需求。要由"以物为中心"转向"以人为中心"，关键是树立人性化的服务理念，举办与广大民众日常生活密切相关的陈列展览，使丰富多彩的博物馆文化进入社区生活、联系学校教学，吸引更多的公众走进博物馆，参与博物馆的相关活动。

从博物馆的发展趋势来看，"以人为本""为社会及其发展服务"已经成为博物馆实现硬件与软件合理配置的主要依据。面向社会、面向观众的办馆理念和以观众为中心的服务宗旨，不是抽象的概念，而应该实实在在地落实在博物馆工作的各个方面。博物馆的社会价值虽然客观存在，但是不可能自动体现出来，即使博物馆有丰富的文物收藏、漂亮的馆舍建筑、优秀的研究人员，也只有当它以"为社会及其发展服务"为宗旨时，博物馆的文化价值才能得以实现。如果明确博物馆的所有工作岗位都要以服务观众为核心，那么博物馆所有工作人员的工作就有了明确的方向。不论是收藏、研究、陈列、教育、讲解或其他岗位，其工作内容都是为公众服务的具体环节。因此，博物馆要加强对不同岗位员工进行服务意识教育和服务质量培训，使每一个环节都能为观众提供优质服务，使每一位走进博物馆的观众都能感受到风景如画的室外环境、整洁明亮的室内展厅、精美绝伦的文物展品、图文并茂的陈列展览、通俗易懂的文字说明、深入浅出的现场讲解、操作简单的导览设备、生动有趣的互动方式、标识清楚的参观线路、方便舒适的服务设施、独具特色的纪念礼品、热情主动的工作人员。如此，观众在博物馆内就会流连忘返，就会乐于汲取博物馆文化知识，就会再次甚至经常走进博物馆，就会把更多的朋友带到博物馆来。

二、博物馆职能与社会合作

博物馆在与其他组织机构相互合作方面，例如科研部门、学校、文化机构、社会组织、企业单位、新闻媒体、民间团体、社会公众等，都拥有可以为博物馆所用的资源。为了使这些资源能够成为博物馆发展的积极力量，博物馆应与这些组织机构建立合作共享机制，使合作双方能够取长补短、各取所需。博物馆与科研部门，诸如社会科学、自然科学等研究部门之间建立长期稳定的战略合作伙伴关系，可以实现博物馆研究水平的提升；博物馆与学校，诸如高等院校、中小学等之间建立长期稳定的战略合作伙伴关系，可以实现博物馆后续人才的培养；博物馆与文化机构，诸如图书馆、青少年宫等之间建立长期稳定的战略合作伙伴关系，可以实现博物馆文化的社会传播；博物馆与社会组织，诸如中国妇联、中国青联、中国残联等之间建立长期稳定的战略合作伙伴关系，可以提升博物馆文化活动的社会影响；博物馆与企业单位，诸如国有企业、民办企业等之间建立长期稳定的战略合作伙伴关系，可以实现博物馆强有力的社会支撑；博物馆与新闻媒体，诸如新闻出版、广播电视等传播机构之间建立长期稳定的战略合作伙伴关系，可以实现博物馆文化的广泛宣传；博物馆与民间团体之间建立长期稳定的战略合作伙伴关系，可以在博物馆建设及运营方面不断得到支持；博物馆与社会公众之间建立长期稳定的战略合作伙伴关系，可以增加博物馆的社会吸引力。

建立博物馆馆际之间的合作共享机制，是指博物馆与其他博物馆相互合作，实现彼此资源共享的机制。任何一座博物馆都保存着独有的文化资源，例如独有的文物藏品、独有的研究力量、独有的展示场所、独有的宣传方式等。但是，对大多数博物馆而言，所拥有的文化资源又相对有限，其事业发展会受到自身资源的限制。博物馆之间只有加强合作，才能取长补短，才能打破自身资源的局限，促进博物馆文化的共同繁荣，推动博物馆事业更好、更快的发展。因此，每一座博物馆均应建立与其他博物馆之间的合作共享机制，以自己的独有资源与其他博物馆的优势资源相互支撑，为观众提供更加优质的博物馆文化，从而实现馆际之间的资源共享。建立博物馆与其他博物馆之间的合作共享机制，可以从多方面探索，例如建立藏品资源的合作共享机制，即通过博物馆馆际间的藏品交流，实现博物馆馆际间藏品资源的合作共享；建立人力资源的合作共享机制，即通过博物馆馆际间的人才交流，实现博物馆馆际间人力资源的合作共享；建立管理经验的合作共享机制，即通过博物馆馆际间的管理经验交流，实现博物馆馆际间管理模式的合作共享，但是，目前博物馆之间的交流合作机制尚未健全，博物馆馆际间的资源共享机制尚未真正建立，博物馆之间的藏品资源配置还不能发挥最佳效用。

博物馆馆际之间建立合作共享机制正是出于博物馆文物资源短缺的实际现状。虽然国家级、省级博物馆以及一些城市博物馆文物藏品资源丰富，但是从观众的需求和展览的需要出发，任何博物馆的文物藏品资源都显得十分有限。一个博物馆的藏品再丰，品类再多，体系再全，不可能囊括全球之文物，穷尽人间之遗珍，总揽古今之瑰宝，涵盖地区之特色。正是面对有限的文物资源，博物馆更应以共享求持续，以智慧对"短缺"。巴黎是旅游城市，巴黎的博物馆占法国博物馆总数的5%，接待观众数量却占总量的1/3，特别是外国参观者络绎不绝。为了使法国其他地区的博物馆，特别是地理位置偏僻、藏品类型单一的博物馆走出被人们遗忘的窘境，法国政府将邻近的博物馆组成网络，统一管理，例如斯特拉斯堡就把其周围的8个博物馆合并，并指定专人整体协调这些博物馆的工作。博物馆网络的成立把邻近博物馆的竞争关系转变为合作关系，让这些博物馆能够共享资源。同时，相关部门还制定了一些辅助措施，例如设定博物馆参观路线、发行博物馆通行证等，在一定程度上扩大了单个博物馆的影响力，使博物馆以较低的成本更加贴近民众，从而体现其公益性。

2008年北京奥运会期间，国家文物局主办的"奇迹天工——中国古代发明创造文物展"取得圆满成功。可以说，没有博物馆馆际间的资源共享，就不会有这次大型文物展览的成功举办。在博物馆与其他博物馆相互合作方面，首都博物馆便曾取得了成功。近年来，首都博物馆所举办的一系列展览活动，许多都是与国内外博物馆合作及共享资源的成果。例如2008年北京奥运会期间，在首都博物馆举办的"北京文物精品展""长江文明展""中国记忆——中国古代文明瑰宝展""紫禁城内外的竞技游戏展"和"公平的竞争——古希腊竞技精神展"等5项展览集体亮相，就有来自全国27个省市的70余家博物馆的文物精品，吸引了大批国内外来宾前往参观，在博物馆界和社会上产生了广泛的影响。辽宁省博物馆与沈阳故宫博物院实现人力资源合作、文物资源共享，充分发挥各自博物馆的优势，共同举办讲座，共同开展考察，共同攻关课题；利用辽宁省博物馆的场地优势、沈阳故宫博物院的研究力量和资金优势，共同举办文物资源更丰富、地域特点更鲜明、课题研究更深入、社会影响更广泛的展览和活动。对于多数中小博物馆来说，资源和影响往往十分有限，通过地域相近或者内涵相通的博物馆馆际间的合作，联合开展博物馆展览和活动，可以形成合力，增强社会影响。

为促进博物馆馆际间的合作，各级政府和文物部门应给予关注和支持，通过制定博物馆发展总体规划，建立博物馆资源共享体系，鼓励不同类型的博物馆在藏品、资料、技术、设施和人才方面实现合作，使不同类型的博物馆在相互学习与交流中共同得到发展，从而提高博物馆的整体发展水平。通过制定相关政策法规，推动博物馆的馆藏目录向其他博物馆开放，为各个博物馆的藏品资源实现共享创造条件。例如推动拥有较多文物藏品但无法长期陈列展出的大型博物馆与其他博物馆合作，使适宜陈列展出的文物藏品在不同的博物馆之间流动，以实现博物馆之间藏品资源的共享，充分发挥博物馆文物藏品的社会效益，提高陈列展览的更新频率，吸引观众经常走进博物馆；推动博物馆馆际间合作举办具有思想性和震撼力的陈列展览，设立国家支持的专项经费，支持各地博物馆，特别是中小型博物馆的陈列展览的更新和服务水平的提升，发挥博物馆的群体优势和整体效益；推动考古研究单位在考古发掘工作结束之后，依法及时地将发掘出土文物移交博物馆，这样既使珍贵文物得到妥善保存，又使博物馆文物藏品得到补充。此外，各级政府和文物部门还应出台相关政策，推动博物馆之间的人才交流，实现大型博物馆对邻近地区中小型博物馆的支持指导。有条件的地区还可以推动大型博物馆对中小型博物馆的托管，以实现博物馆馆际间管理经验及人才资源的共享。

英国学者 K. 赫德森（K. Hudson）指出，若要消除博物馆与研究机构之间的旧障碍，若要消除博物馆与博物馆之间的心理和等级上的障碍，我们需要做的是不断拓展和深化博物馆之间的交流与合作。

博物馆馆际之间的合作将有限的资源集中在一起，增加了举办陈列展览的可行性。多家博物馆的联合，既分享文物藏品，保障展览质量，为观众推出完美的展览，又分担运营风险，为每个博物馆提供展示自己的空间，为观众提供多层次的服务。博物馆馆际之间的合作，往往是在不打破相关博物馆的藏品所有权与管理制度的前提下，通过简化手续，实现文物藏品和人才资源更自由、更通畅的流动。博物馆之间互相借势、取长补短是较为常见，也是具有可操作性的合作形式。例如在本馆的文物藏品保护中引进合作博物馆的设备和技术、在本馆销售或宣传合作博物馆的纪念品或出版物、在本馆的宣传广告上刊登合作博物馆的展览信息、在本馆的网站上设立合作博物馆网站的链接等，这些都是双赢的合作模式。博物馆馆际间交流与合作的方式多种多样，仅就陈列展览方面的交流与合作就可以包括联展、巡展、互展、借展等方式。联展，即两家或多家博物馆就某一内容共同举办展览；巡展，即一家或多家博物馆举办的展览，在不同的博物馆巡回展出；互展，即两家或多家博物馆相互交换同一类型或不同类型的展览；借展，即引进其他博物馆的展览，进行短期或长期的展出。

各国博物馆界已建立了友好的合作基础与交流机制，应在此基础上进一步扩大博物馆的开放幅度，从而提高博物馆服务社会的广度与水平。英国东北部地区的泰恩和威尔博物馆组织，是一个区域性的博物馆联合体，由 12 家博物馆、画廊和档案馆组成，藏品内容包括考古、艺术、历史、自然科学等多个方面。该组织由统一的机构和人员进行管理，在馆长之下设置了分管不同区域的高级监理，并拥有统一的博物馆标志设计和统一的博物馆门户网站，这个博物馆联合体的资源共享不仅仅指展品资源的合作共享，还包括人力资源、管理经验与模式等的合作共享。所有加盟的博物馆都可以方便快捷地了解其他加盟馆的资源状况，但由泰恩和威尔博物馆组织统一调配资源。这一联合体目前已接待来自世界各地的观众约 1600 万人次，有效地促进了英国东北部地区博物馆的繁荣发展，成为英国博物馆群资源共享的最佳案例。日本江户东京博物馆通过到东京以外城市的其他博物馆巡回展出，将展品借用费、输送费、布展费、印刷费、展览图录费等经费由相关博物馆分别负担，从而减少了博物馆经费。该博物馆还通过与新闻媒体共同筹资举办展览，共享展览收益。例如该馆与朝日新闻社、TBS（东京广播）共同举办"世界遗产庞培展"，参观人数 38 万人左右，取得了良好的综合效益。

博物馆与其他社会成员的合作，是自身社会职能完善与发展的需要。博物馆作为实物资料的收藏、研究、展示机构，自身的特色和优势是其他机构无法取代的，但是在发挥其职能的过程中，却可能遇到各种自身难以克服的困难，例如资金不足、相关资源匮乏等，这些都限制了博物馆活动的广度和深度，此时，与其他机构进行合作，向其寻求帮助是理智的选择。博物馆的社会合作应该是一个复杂而多层次的社会合作体系。博物馆的合作伙伴既可以是考古研究部门、文物修复机构、民间收藏团体、展览策划单位，也可以是新闻媒体，还可以是资助社会公益事业的企事业单位。博物馆应当有意识地使自身成为合作的受益者。博物馆与其他社会团体机构建立平等的、互利互惠的合作伙伴关系，是维系社会合作体系的保障。但是，在合作的方式上，博物馆界的认识却有所差异。比如有人认为博物馆属于公益性事业单位，肩负着社会教育的责任，合作时应该确保博物馆使命的实现，从而忽视了市场经济条件下正常的利益需求。因此，笔者认为博物馆在合作中应考虑其他社会成员正当利益的实现，以增加互信感和增强吸引力。

目前，人类文化在其物质层面和结构层面上，由于跨国家、跨地区的经济贸易合作、社会交流，已经和各个利益群体达成了不少共识。但是在人类文化的精神层面，由于各个利益群体的文化传统与社会发展进程的不同、社会制度与意识形态的差异以及旧的国际文化秩序的存在，话语权仍掌握在少数发达国家手中，使得现实的文化交流具有极大的不平衡性和不对等性。虽然人类社会的发展实践已经证明，西方社会的发展模式和行为规范并非全世界所有国家实现社会发展的唯一道路和模式，西方社会的价值观念也绝非唯一的真理性判断，然而，现在一些发展中国家为了在西方文化中占有一席之地，取得对方的认同与对话的资格，自觉或不自觉地放弃了自己的价值体系，转而以西方文化和体制为楷模，努力在文化的理念与实践等诸多方面重新进行整合，其结果是民族文化个性的丧失和人类文化多样性的破坏。这已成为一些发展中国家普遍面临的问题。在这样一种世界格局下，我国博物馆界如何珍爱中华民族的优秀传统文化，抢救、发掘、整理最具民族特征的文化遗产并将其融入现代生活之中，使其在世界舞台上发出自己的声音，具有异常重要的意义。笔者认为只有每一个民族的文化特征得到充分发展和展示，这个世界才会更加丰富多彩，才会形成相互影响、相互映衬的世界文化的和谐局面。

三、博物馆职能与社会支持

"社会支持"这一概念最早出现于 20 世纪 70 年代，属于心理学理论体系范畴，指个体所接收到的各种积极的社会作用，它们能增强个体的归属感、安全感和自尊心。今天，社会各部门之间的联系日益紧密，综合性问题不断出现，涉及的领域更加复杂，这需要各部门协同解决，而不能仅凭一己之力。良好的社会支持有利于个体的健康，而恶性的社会关系则会损害个体的健康。随着"社会支持"这一概念逐渐为其他学科所借鉴，它已经由一个学科的专业概念向通用概念转变。将"社会支持"的概念引入博物馆研究和工作中，既是从关注个体的身心健康，转变为关注一座博物馆的健康和良性发展，也是从生存的角度考虑哪些社会关系和资源有利于博物馆的发展，以及如何更有效地获取这种支持。由于长期以来博物馆的社会职能定位是文物收藏、研究与展示，各项业务活动主要围绕这些内容展开，在其他社会活动方面则显得力不从心。博物馆不能独立地成功完成其他社会活动，是博物馆需要广泛社会支持的根本原因。同时，博物馆在寻求和获取社会支持方面的意识比较薄弱，往往将视野主要局限于争取政府的资金投入和政策支持上。这种状况说明博物馆潜在的社会支持尚未得到充分认识和有效拓展。为了博物馆更加健康全面的发展，有必要积极构建博物馆的社会支持体系。

在当今社会中，任何机构都不可能处于自我封闭的生存状态，其必然与社会各界有着各种各样的关系。博物馆作为向公众开放的社会性公益机构，在满足社会公众教育、审美、感情以及认同等方面需求的同时，自身的健康发展也离不开社会其他成员的关注与支持。

现在是一个开放与交流的时代，是一个资源共享、互利共赢的时代，加强交流与合作的观念逐渐深入人心。事实证明，博物馆是一个资源高度依赖于外部环境的组织，博物馆的生存与发展离不开外部力量的支持与协作，既需要来自政府的支持，也需要来自社会各界的支持。任何一座博物馆都不应将自身封闭起来，也不可能独善其身，关门办馆没有出路，只有加强交流与合作，才能实现博物馆的可持续发展。同时，信息化时代的到来，为拓宽博物馆馆际间交流与合作的深度与广度，提供了前所未有的条件，无论是博物馆与其他社会成员的合作，还是博物馆之间的合作，都有利于优势互补，有利于在整体上提高效率，有利于实现"为社会及其发展服务"的目标，对博物馆的可持续发展有着极为现实的意义。因此，博物馆自身不能解决的问题应积极争取来自外界的支持，不但要分析哪些社会资源有利于博物馆的可持续发展，还要总结如何成功获取这些资源以建立稳固的联系。

今天，为所在城市的各类文化活动提供专项策划服务、信息咨询服务以及专业技术支持，已经成为博物馆对外开放与扩大服务的重要途径。著名博物馆学家 G.H. 李威斯（G.H.Lewis）在其达喀尔黑人文明博物馆的设计规划中，曾经设想把 7 个学科（人类学、生态学、技术经济学、社会学、意识形态学、美学和史学）的知识融为一体。英国奇切斯特市的菲什伯恩博物馆的陈列是由一名新闻工作者、一名考古学教授和一名设计师共同努力、发挥各自的职业专长而实现的，并取得了极大的成功。历史已经并将继续证明，"不从尽可能广泛的学科中吸取养料的博物馆学将会很快地枯萎而死"。时至今日，越来越多的博物馆管理员认识到，博物馆事业不仅需要博物馆管理员、博物馆学专家的守护，更需要社会学家、心理学家、教育学家以及众多社会科学、自然科学方面专家的支持和参与，否则博物馆就只能游离于社会发展的轨道之外，处于科学世界的边缘地带。例如博物馆的陈列展览设计是艺术、学术与技术的结合，需要陈列设计人员、学术研究人员和藏品保管人员的充分合作与对话，因为每一件文物藏品在生命延续的历程中，不仅积淀了不同历史记忆，承载了不同文化内涵，还见证了不同环境变迁，要实现科学展示，不可能由博物馆单方面独立完成，而多学科的密切合作，能够更加有效地解决问题。

博物馆的社会支持，按不同角度可以划分为不同的结构，按范围划分，包括国家支持、地方支持、社区支持等；按性质划分，包括经济支持、实物支持、智力支持、情感支持等；按主体划分，包括政府支持、社会团体机构支持、个体支持等。各级政府对博物馆的支持是最根本、最稳定的支持，体现在财政拨款和政策扶植两个方面，公立博物馆对国家财政的依赖性大，拨款的力度直接关系着一座博物馆生存与发展的质量，政策扶植在于各级政府在文化政策中对博物馆的定位及其重要性的认识，以及相关文化政策、财政政策等方面对博物馆的具体优惠和倾斜，例如博物馆在文物艺术品竞拍中有优先取得权、博物馆商店免税等。社会团体和机构对博物馆的支持，不仅仅是一种单向的关怀或帮助，在多数情况下，更体现在通过合作的方式来实现博物馆社会功能的发挥，或是无偿地向博物馆提供其自身所不具备的资源和手段。当前，各类社会团体和机构的支持是博物馆需要关注的重点。个体支持是指社会中的个体对博物馆的支持，这不仅体现在最基本的博物馆参观活动中，而且还涉及更为深广的方面，例如作为博物馆志愿者、文物标本捐赠者来实现对博物馆的具体支持。个体支持虽然作为单体力量较小，但是，作为整体具有庞大的潜在基数和巨大的社会能量。

博物馆正在发展成为与社会生活息息相关的现代文化设施，是吸纳知识、体验文明的地方，是陶冶情操、升华气质的地方，是了解社会、思考人生的地方，是舒适优雅、充满乐趣的地方。博物馆应努力摒弃行业神秘感,增加社会亲和力,应将社会公众作为重要的合作者,更多地考虑人们的多样化需求,考虑人们在博物馆中的行为方式与心理需求,扩大博物馆服务社会的范围,提升博物馆服务社会的质量,开展丰富多彩的博物馆活动。同时,应努力增进社会公众对博物馆的认知,构建博物馆与社会公众联系的纽带,引导社会公众文明、有序和理性地参观博物馆,逐步树立"感受博物馆""尊重博物馆"的理念,使人们每一次走进博物馆,都成为一次真正的文化体验。博物馆有着丰富的实物资源,有着雄厚的学术力量,因此,社会公众对博物馆的需求必然多种多样。通过首都博物馆对观众的采访与调查发现,市民对博物馆的期望与需求已经远远超出博物馆藏品与展览所能满足的范围。博物馆教育与传播的职能不能仅仅依靠自身的文物藏品实现,不能仅仅在博物馆的展厅内实现,也不能仅仅依靠陈列展览活动实现。从博物馆的生存与发展角度看,只有经常开展具有社会影响的文化活动,才能够凸显博物馆的价值与实力,从而更多地争取社会公众的支持。

学者邵仙韵认为:"21世纪的博物馆应该是多元化的,应该走出静态展览的金字塔,通过开展多层次、多形式的活动,主动走进民众,形成富有活力、灵活多样的开放式博物馆体系。"博物馆需要加强与社会各类机构的合作与资源共享,发挥博物馆的平台优势。例如湖南省博物馆与湖南卫视、湖南经视等媒体合作,推出博物馆教育专题节目,其中《博物馆翻箱底》《天天向上》等电视名牌栏目,将该馆的社会影响扩大到更广泛的领域。事实上,不同地区、不同类型的博物馆以及社会上的其他组织机构往往都拥有能为本博物馆所用的资源,包括资金、场地、设施、人员、网络渠道、营销模式等。例如与媒体和学校建立长期固定的战略合作伙伴关系,借用合作伙伴的资源优势。布赖顿和霍维博物馆为奥运会举办的"1650年至1930年英国具有中国艺术风格的物品展",汇聚了来自英国50多家博物馆和科研机构的展品,其中包括皇家藏品和大英博物馆、国家美术馆、威尔士国家博物馆、苏格兰国家博物馆的文物藏品,开创了跨地区多家博物馆成功合作的先河。

一座博物馆应该通过丰富的文物藏品,开阔人们的文化视野,满足人们的求知欲望,丰富人们的生活体验,发挥启迪智慧、开阔思维的作用。英国的博物馆将管理的根本目标定位为"让民众成为博物馆的核心,让博物馆成为社会的核心"。为此，英国的博物馆在发展过程中高度注重将博物馆融入社会，强调博物馆信息传播活动的"双向性"，着力改变以往博物馆"高高在上"的姿态，充分注重博物馆与社会公众的紧密联系与交流。博物馆作为面向公众开放的非营利性社会服务机构，若要在当今激烈的社会竞争中生存与发展，不可能以一种封闭的状态存在，是需要来自社会各界的支持与协助的。如今，满足社会公众的文化需求应作为博物馆举办展览的根本目的；让社会公众喜闻乐见应作为博物馆开展活动的基本标准；让社会公众满意应作为博物馆自我实现的正确途径；让社会公众积极参与应作为博物馆各项工作的基本保证。因此，博物馆在吸引观众接受博物馆文化的同时，应该注重观众调查，做好展前、展中和展后的效果评估，经常征求社会公众的意见，尊重广大民众，虚心听取观众的价值评判。

近年来，博物馆越来越重视与学校、社区的互动，鼓励当地民众参与陈列展览及文化交流，具体可在博物馆馆舍内外开展各类颇具特色的活动。例如有的博物馆组织艺术节庆，既展出本馆的特色文物藏品，又允许公众提供展品，提高社会公众的参与性，使人们在博物馆既获得知识，又可以实现个人收藏展示；有的博物馆组织动手活动，配合主题展览开展科技实验或手工艺品制作，为观众提供参观之外获得技能的机会；有的博物馆组织冬令营、夏令营，在寒暑假期间为学生提供有趣的实践和实习机会；有的博物馆组织主题旅行，结合博物馆的展览陈列内容，组织观众到考古遗址现场或文物景点参观，使观众获得更为直接的体验；有的博物馆组织电影鉴赏活动，结合陈列展览内容，播放相关的主题电影或录像资料，可使观众有偿在馆内使用或向馆外出租；有的博物馆组织艺术创作活动，创办或与艺术家合办工艺制作工作室，指导观众自己进行艺术创作。例如美国的大都会美术馆设有纺织品研究室，成为时装设计人员梦寐以求的研究园地。该馆除了设有纺织品研究室、版画素描研究室、青少年美术馆外，还举办艺术讲座、研讨会、电影放映与音乐会，定期出版《大都会美术馆馆刊》等数十种期刊读物。随着时代的进步，博物馆的社会功能与价值体现得越来越明显了。

积极探讨博物馆与社会发展的关系，建立充分发挥博物馆服务社会职能的有效机制，成为各国博物馆界共同面临的重要课题。为此，欧美国家提出了一个新的理念，即享受博物馆。博物馆是人们娱乐休闲的理想去处，是自主学习的优雅课堂，应该让观众以愉快的心情更新文化知识，享用品质空间，接受优质服务，体会快乐人生。目前国际博物馆界正在探索一些新的方法，让公众感到来博物馆是一种享受，使观众参与到陈列展览和各项活动中来。不论是自然科学还是人文科学，在博物馆的氛围里，人们都可以得到在其他场所难以获得的享受。社会公众希望博物馆能满足他们获取知识与娱乐休闲的需求；能够舒缓现代社会越来越快的生活节奏；能够减轻现代社会越来越大的工作压力，在增长知识的同时，使人们感受到参观博物馆的乐趣。因此，越来越多的博物馆努力打破传统的封闭模式，加强与社会的联系，提高社会化程度，注重公众的参与，逐步向社会开放，走出博物馆的大门，走进社区民众中间，实现博物馆和社会的互动与交流。一方面，可以从社会需求方面调整博物馆自身的工作，以适应社会的发展；另一方面，可以从社会当中吸收有利于博物馆发展的资源。

可喜的是，目前越来越多的本地观众走进博物馆，这是公众主动认知博物馆的积极表现，也为博物馆融入社区、社会创造了契机。社会责任是博物馆的生命价值所在。博物馆应强调"为社会及其发展服务"，具体体现在外向的、多维的、以公众需求为中心的文化精神。博物馆展览走出馆舍，走进社区，不仅宣传了博物馆，更重要的是增强了博物馆与社区的关系，这是当代各国博物馆的共识。美国克利夫兰艺术博物馆设有专职岗位负责社区活动，每年都要与附近社区合作组织若干次主题鲜明的博物馆活动。2002 年，克利夫兰艺术博物馆曾在狂欢节期间组织了题为"灯笼"的主题活动，吸引了 2000 多名当地社区的居民参加，他们亲自制作了 600 多个各式各样的灯笼参展，吸引了国内外 5 万多人参观。自 1967 年开始，美国史密森尼协会每年都会在国家大草坪举办民俗生活节，以此展示美国文化的多样性。这一活动在每年 7 月 4 日前后举办，每次为期两个星期以上，此时国家大草坪就会变成音乐演出、互动节目、视觉艺术、制作工艺、文化讲座、民族舞蹈和烹饪表演等活动的临时场所，每次活动都能吸引 100 万左右观众参加。在这一活动举办期间，附近的其他博物馆也开放场地，提供特殊节目、活动和展览。

四、博物馆职能与社会参与

在《现代汉语词典》（第7版）中，"参与"指的是参加（事务的计划、讨论、处理）。对于我国来说，"公众参与权利"是指公民依法通过一些途径和形式，参与管理公共资源、社会事务的权利。博物馆的诞生与发展根植于社会，对博物馆本质的研究需要与社会公众进行互动。公众参与是促进博物馆事业发展的有效途径和工具。博物馆所涉及的知识、意识、技能、情感等都属于社会公众参与的内容。博物馆事业的"社会公众参与"强调博物馆事业不是各级政府部门和博物馆工作者的专利，而是广大民众的共同事业，每个人都有参与博物馆建设、管理、发展的权利和义务。社会公众参与表明了一种全新的公民责任、权利以及治理观念，体现了社会公众能够实现自我管理的理念，即社会公众通过影响那些涉及他们生活、就业、社区、环境等社会事务的决策过程从而实现自我管理。目前，虽然博物馆工作仍然以政府管理为主，但是政府管理主要体现于法律规范和政策支持，不可能事无巨细。博物馆事业涉及的范围广泛、情况复杂，如果仅凭博物馆自身的力量，不足以推进博物馆工作良好开展，因此应注重促进社会公众参与进程。但是，社会公众参与博物馆工作需要相应的方法和机制，才能达到促进博物馆可持续发展的目的。

我国绝大多数博物馆是实物遗存的管理者和文化信息的拥有者。长期以来，博物馆凭借实物、文字、电子媒介，以陈列展览作为综合传播方式，与观众进行着理智、成熟、有效的沟通和交流。这种传播虽然真实准确、生动直观，但是也因时间和地域的限制，影响沟通和交流的效果。为了吸引更多的社会公众，博物馆需要强化基本陈列的更新机制，有计划地更换展品，使一成不变的静态知识变得生动有趣起来。例如"台北故宫博物院"每三个月就要全面更新一次展品。定期更换展品是吸引所在社区居民走进博物馆的有效办法。发挥文物资源优势，举办临时展览，也是满足社会公众求新求变心理的有效措施。临时展览以其选题新、时效性强、内容丰富多彩以及常办常新的特点而深受广大民众喜爱。如今社会公众对博物馆的需求已经不局限于某次特定的展览，社会公众对博物馆展览也在不断产生新的期待，因此博物馆需要策划一系列展览活动，以满足观众的需求。例如国家博物馆从2000年起推出"边疆古代文明系列展"，包括西藏、内蒙古、新疆、云南等地的一系列展览，集中展示了我国作为多民族国家的整体风貌。每次展览期限一般为三个月，每次展览的观众量均高达10万人以上。据国家博物馆统计，观众中80%以上是北京当地观众，观众在展厅内的停留时间大都在两个小时左右，说明人们对这些陈列展览抱有极大的兴趣。

2009年4月，成都金沙遗址博物馆与四川航空公司联合举办的"金沙文化月——四川航空梦回金沙之旅"文化推广活动，在北京飞往成都的航班上拉开了序幕。中国文化遗产标志"太阳神鸟"，继2005年10月17日搭载神舟六号飞船遨游太空后，再次携带着远古先民的美丽梦想，飞上蓝天，开展了一次与南来北往乘客的直接对话，开创了空中探秘博物馆的先河。在30天的活动中，由北京、上海、太原等城市飞往成都的4条航线120个航班上，金沙遗址博物馆的优秀讲解员和经过专门培训的各航班乘务员担任起金沙文化的解说员，直接面对来自四面八方的约24000名乘客，详细介绍金沙遗址博物馆及出土的精美文物；各航班的电视屏幕循环播放金沙遗址的宣传片。活动期间，累计发放有关博物馆的各种宣传折页上万份，并以互动的方式向乘客赠送了中国文化遗产标志"太阳神鸟"纪念徽章以及金沙遗址博物馆的特色旅游纪念品360件，赠送金沙遗址博物馆的门票240张。此次活动受到了广大乘客的普遍好评。此次活动的开展是博物馆文化推广的有益探索，更是博物馆文化宣传多样化形式的一次全新尝试。

我国的博物馆事业坚持政府主导、社会支持、公众参与的原则，动员和鼓励广大民众积极参与。在这一情况下，公众对待博物馆的意识和态度，公众对博物馆发展的关注、参与和支持程度，都直接影响博物馆工作的开展和社会环境的改善。如今，博物馆应该成为广大民众生活中不可或缺的朋友，保障公众文化权益应该成为博物馆不可推卸的责任，走进博物馆应该成为人们喜爱的公共生活方式之一。因此，博物馆事业不仅是一项专业性、学术性、部门性、行业性的工作，也是需要广大公众积极参与的工作。2008年的相关调查资料显示，关注博物馆陈列展览信息的民众仅为54.9%。还有不少社会公众虽然关心博物馆陈列展览信息，但是却没有走进博物馆参观展览。其中25.4%的观众只去过一次博物馆，只有4%的观众在过去的一年内去过5次以上博物馆，这说明大多数民众缺乏体验博物馆文化的经历。现阶段博物馆事业的重要任务，一方面需要通过宣传教育提高社会公众对于博物馆文化的认识，另一方面需要组织丰富多彩的博物馆文化活动，调动社会公众参与的积极性，最终转化为支持博物馆发展的实际行动。目前广大民众对于博物馆文化还缺乏理性的认知和发自内心的认同，还未形成全民参与的模式，公众参与博物馆事业尚处于起步阶段。

人们往往把参观过博物馆陈列展览或巡回展览、参加过博物馆各种教育服务活动的社会公众称为"博物馆观众"。但是，在当今高速发展的信息时代，"博物馆观众"显然已经超出了原有概念的局限性，特别是在博物馆免费开放之后，"博物馆观众"进一步扩大为整个社会公众，而"博物馆观众"构成的多样性势必促使博物馆在原有收藏、研究和教育的基本功能上发生新的变化。博物馆融入社会，走进生活，其观光、休闲和娱乐的职能也将愈加明显。2009年5月18日，国家文物行政部门为首批国家一级博物馆举行了授牌仪式。83家单位荣获此称号。在《博物馆评估定级标准及评分细则》中，观众一级指标项目中"社会认同感"的总分值为22%，从中可以看出，博物馆存在的意义和价值依赖于广大民众，只有观众认可满意，最终才能释放博物馆的生命力，发挥博物馆的作用，不断地扩大其社会影响力。公众参与博物馆事业，需要从内因和外因两方面进行考虑，内因是公众对博物馆发展的意识和期望，是公众参与博物馆事业的先决条件和潜在动力，公众参与的愿望为博物馆工作开辟了新的途径；外因是指社会、政府、舆论的力量为公众参与提供的环境因素，社会公众对博物馆工作的认可、社会支持博物馆发展的热情、媒体对博物馆文化的宣传等，都是推动公众主动参与博物馆事业的积极因素。

目前，从社会参与博物馆工作的方式来看，参与方式途径单一，组织形式覆盖面窄，活动缺乏必要的策划。一些博物馆所组织的活动参与者少，活动的效果也不尽如人意。不少博物馆的陈列展览采用形式雷同的昏暗氛围、常年不变的陈列内容、难辨方向的参观路线、难以读懂的说明标志和喧宾夺主的室内装饰，再加上与博物馆文化毫无关联的纪念礼品，缺乏缓解观众饥渴劳累的服务设施，使观众在博物馆感受不到温馨典雅，享受不到舒适快乐。同时，我国公众参与博物馆事业的时间不长，对博物馆文化认知的广度和深度都存在欠缺，需要建立长期有效的公众参与博物馆事业的机制，将博物馆公众参与长期化、制度化，这样才能保证参与博物馆事业的社会公众的数量和质量，实现可持续发展。随着社会需求的增加，博物馆信息传播的内涵也在不断扩大，博物馆融入市民生活的范围扩展迅速，经济、政治、文化、社会等与民生息息相关的内容，都可以进入博物馆所关注或传播的领域，从而使博物馆的服务范围与社会影响力不断扩大。从博物馆宣传活动的途径来看，电视、网络等现代化的传播途径可以有效地让更多社会公众参与进来，因此博物馆传播活动可以采取信息获取和实际参与相结合的方式，增加博物馆活动宣传的覆盖面，使公众参与博物馆事业成为常态。

要实现社会公众参与程度的不断提升，就要求博物馆合理规划相关活动目标，通过科学的方法组织、策划、推广活动，把握每次活动的内容形式、受众范围、预期目标、宣传方式等方面的内容，提供有效的公众参与方案，有针对性地提高群体意识和参与热情，提升公众参与博物馆工作的实际效果。在实际工作中，社会公众参与的效果评定和经验交流也是博物馆活动的重要环节，若想要在更大程度上达到全民参与的效果，就要建立以引导教育、开放服务为核心的博物馆质量评价体系，建立社会、政府、媒体、公众代表相结合的监管制度与监督体系，就需要博物馆管理人员定期对博物馆展览和服务水平进行检查、抽查、监督、评估，开展博物馆评估定级和分类指导。法国博物馆界每年都由博物馆的主管部门组织专家、市民、学生和议员等社会力量，对博物馆进行评估考核，不仅包括博物馆面向社会的展览和服务等工作，还包括一个很重要的指标，就是社会公众对博物馆的满意度。管理部门可以将评估结果作为博物馆资格认定年检和博物馆评估定级工作的重要依据，使其作为一种综合管理的手段。只要博物馆细心倾听社会各界的意见，时刻把观众的需求放在首位，一切以观众的需要为根本，举办更多更好的展览和活动，就一定能够吸引越来越多的观众走进博物馆。

广泛的社会参与有利于提升博物馆的社会影响力，形成良性的循环互动，吸引更广泛的社会支持。我国博物馆界于每年 5 月 18 日"国际博物馆日"都会根据国际博物馆协会确定的主题，开展形式多样的纪念活动，产生了良好的社会影响，增进了全社会对博物馆事业的了解和支持。2007 年，南京博物院举办评选"南京博物院镇院之宝"活动，事先对 42 件候选"镇院之宝"以专家和记者合作的形式，每天一篇，介绍一件宝物，连续一个多月发表于当地晚报，引起市民朋友的广泛关注并踊跃投票评选,再结合专家评选,最后评出 18 件"镇院之宝",之后又隆重举行"镇院之宝"特展,每个环节都有媒体做深入报道。此次活动及宣传工作,对提升博物馆的美誉度和吸引力,形成南京博物院品牌,无疑起到了积极作用。近年来,中国人民革命军事博物馆连续举办了一系列具有社会影响力的大型主题展览,例如 2006 年的"伟大壮举光辉历程纪念中国工农红军长征胜利 70 周年"展览历时 56 天,接待观众 201 万人次;2007 年的"复兴之路"和"我们的队伍向太阳——中华人民共和国中国成立以来国防和军队建设成就展"两个大型主题展览,观众总数也分别突破了 200 万人和达到 248万人,创造了国内临时性主题展览观众总数和日平均数的最高纪录。

以往,博物馆习惯于只扮演"行业角色",其工作节点、思维视野往往只专注于馆舍内的各项工作,很少深入思考如何为城市文化建设和社会和谐稳定服务。但是,今天任何一座博物馆,不论规模大小,不论是国际性的还是地区性的,都应该拓展博物馆的功能和职能,不仅如此,社会、环境和文化方面的挑战也要求现代博物馆积极的参与,通过恪守互利互惠和彼此尊重的原则,在当代动态多变的社会环境下充分发挥地区文化的潜能,在不同文化背景的民族之间建立彼此理解和相互欣赏的牢固关系,为创造全球性的文化空间做出贡献。海伦娜．弗里曼认为:"对未来的欧洲博物馆来说,一个最重要的问题是它们与公众的关系。要吸引人们的关注已经成为一个突出问题。"我国博物馆实行向全社会免费开放,堪称共享多元文化、促进社会和谐的一大举措。免费开放使博物馆能够更好地融入社会生活,在与社会的互动中提升自身水平和服务能力,更好地实现自我价值。在此背景下,博物馆的角色要转型,思维要转变,不仅要做好馆舍内的各项工作,还要担当起城市对外交流的"文化大使"重任,策划有利于提升城市影响力和美誉度的文化活动。如今博物馆走出自我的小圈子,融入与公众联系更强的社会大循环中,广大民众的认识、感悟、参与等现实需求,都应该成为博物馆改进服务工作的指南。

博物馆通过公众的参与,可以建构起面向未来的公共文化服务机制,形成符合时代发展趋势的新型博物馆文化生态。自贡地区恐龙化石埋藏丰富且易于发现。自贡恐龙博物馆是建立在恐龙化石遗址上的一座遗址类自然博物馆,除了在馆内布置有特色鲜明的展厅外,每年暑假工作人员都带着展板、展品、影像资料等，走出馆舍，走进周围社区。在社区，由专家向放假在家的中小学生和社区居民讲述博物馆和恐龙古生物知识，开展趣味恐龙知识竞赛、恐龙画和恐龙模型制作有奖比赛，并在此基础上开展"恐龙就在你脚下"的野外化石寻宝活动。中小学生和社区居民对寻找身边的恐龙化石活动热情高涨，他们根据专家的提示，对身边有可能埋藏化石的地方进行调查分析，并将有关线索及时报告，博物馆方面适时进行辅导，协助或带领大家实地调查或试探性发掘。这一活动成效显著。近年来，自贡恐龙博物馆的"杨氏马门溪龙""合川马门溪龙""汇东四川鳄"以及贡井地区的大量恐龙脚印化石等，都是通过社区居民发现并及时报告后，由博物馆组织发掘保护的。近年来，长沙简牍博物馆立足于湖南，开办市民文化遗产讲堂，主要讲解长沙历史风土人情、湖湘文化、简牍历史、艺术书法等，为民众提供了走进博物馆、参与博物馆工作的机会。

五、博物馆职能与社会共享

城市不仅是物质资源、精神资源、人力资源和智力资源的集萃地，而且也是生产与消费、交换与交通、变革与发展的最前沿，其对实现社会全面、健康、快速、持续发展，具有极为重要、无可替代的拉动力量、提升功能和示范作用。博物馆高度自觉地运用文化的效能和力量，不断地给经济以推动、精神以鼓励、生活以愉悦、社会以和谐，积极营造浓厚的文化氛围和良好的人文环境。如今，博物馆要占据文化发展的制高点，就需要从所追求的目标和所特有的基础出发，真正利用现有文化优势来实现文化目标。为了实现这一目标，就应该深刻认识和充分发挥博物馆文化特色与文化优势，并不断通过文化创造，使特色更明显、优势更强大。如今，博物馆能够满足人们的多种精神文化需求，例如科学知识、人文精神、艺术鉴赏、美的享受。博物馆的这一特性决定了它是公共文化的积极参与者和推动者，其作用也不仅仅表现在文物的收藏、研究和陈列方面，还表现在为引领公共文化建设、弘扬文化精神、搭建多元文化交流平台等方面所发挥的特殊作用。博物馆不但要继承传统，同时也要适应时代的发展和社区的需要，不断创造和更新。成功的博物馆必定在保持自己文化传统的基础上进行创新。坚守历史传统、适应时代需要的文化创新是博物馆发展的灵魂和活力。

当前在我国，保持经济的较快增长速度十分必要，只有保持经济的较快增长速度，才能积极创造就业岗位，提高人们的收入水平，增加人们的快乐感和幸福感。但是，西方国家过去的经济增长方式不适合我国的国情。经济增长方式的转变不应只是一个经济问题，而应该与文化、社会、环境等方面的发展协调起来，以促进整体协调发展。这样的经济增长方式才能增加人们的快乐感和幸福感。从这一点出发，中国经济增长方式应实现四个方面的重大转变：一是从粗放型向集约型转变；二是从数量型向质量型转变；三是从物质型向知识型转变；四是从资源型向生态型转变。在我国经济增长方式得以转变，集约型、质量型、知识型和生态型增长方式得以实现时，人们的生活水平和质量就会得到较大提高，人们的快乐感和幸福感就会得到提升。随着我国经济社会进入新的发展阶段，广大民众的家庭支出结构也发生了新的变化，生活消费水平跨上了新的台阶。文化性消费、休闲性消费、保健性消费在人们的家庭支出结构中所占的比重越来越大，其中文化消费将成为重要的组成部分。人们的消费不能以物为中心，而应该以人自身为中心，实现人的自由全面发展。要想在经济社会发展的同时，极大地提高人们的快乐感和幸福感，就需要关注和实现人的自由全面发展。

进入 21 世纪以来，人们见证了博物馆发展繁荣时期的来临。博物馆是现代社会发展的产物，在社会生活中所扮演的角色随着社会变革而转变。随着博物馆所处外部环境的改变，博物馆与社会公众的关系也在发生着巨大的变化，博物馆不再单纯是文物收藏机构和陈列展览的场所，而是更关注社会公众对其期望、理解和认同的场所。"我们为什么去博物馆？" 2005 年，著名作家和新闻记者 C. 道格拉斯（C. Douglas）在一篇获得年度最佳论文奖的文章中，曾严肃地提出这个问题。社会公众是博物馆的"根"，如果社会不需要，公众不欣赏，博物馆就会失去存在与发展的前提。我们说博物馆要融入社会的发展，考虑公众的需要，这个"融入""考虑"并不是简单的迎合，而是一种积极的嵌入，与社会发展的需求相协调。一方面，博物馆应积极引导社会公众走进博物馆，并逐渐养成经常参观博物馆的良好生活习惯；另一方面，博物馆应该调整工作思路，对社会公众产生更大的感召力和吸引力。例如在博物馆内，除了展览大厅外，还应根据社会公众的需求，增加开展学术交流、展示民间收藏、购买特色礼品等的附属设施以及快餐、茶座等休闲场所，只有多功能、立体化的博物馆，才能满足社会公众多方面的需求，才能使博物馆具有更多的文化功能。

如今，博物馆不但应允许社会公众积极参与博物馆事务，而且博物馆自身亦应积极参与社会变革与发展。当前，我国经济发展迅速，科学技术日新月异，民众的物质生活水平大幅度提高，人们的思想观念、生活方式等不断发生变化，社会正朝着现代化不断迈进。全面意义上的社会现代化，不仅包括物质和技术，而且还包括文化和精神，随着人们生活水平的提高和闲暇时间的增多，人们有更多的机会参与文化活动，参观博物馆成为越来越多的社会公众接受文化熏陶、获得艺术启迪的高雅文化活动。而且随着人们对文化的关注和对知识更新的需要，社会公众对博物馆提出了更多的期望与要求。不同的时代塑造不同的博物馆，人们需不需要博物馆，需要什么样的博物馆，这些都有着深刻的时代烙印。在美国早期博物馆事业的发展中，博物馆在某种程度上甚至有可能取代宗教机构，成为帮助新移民建立家庭与其实现社会的价值的重要纽带。所以博物馆在一个国家可以成为文化成就的象征，成为精神价值的象征。如今博物馆正在从更多的角度介入当代人类的生活。正如一位博物馆界人士所说，2000 年以前，是专家办博物馆，博物馆办给专家看。但进入 21 世纪以后，这种现象有了质的变化，这是一个中国博物馆走向寻常百姓的世纪。

从"公众参与"进一步走向"社会共享"是时代的呼唤。2008 年，我国的"文化遗产日"从保障公民文化权益的角度出发，将主题定位为"文化遗产人人保护，保护成果人人共享"，以"共享"来满足广大民众日益增长的精神文化需要，以"共享"来激发全民共同保护文化遗产的热情，以"共享"来平衡社会各方面的文化遗产权益。文化遗产的多样性以及时代需要的变化，对博物馆提出了多样化的要求，尤其许多社会乃至全球问题的出现，更为完善博物馆功能与职能提供了多维思考的基础，同时这也是有效解决博物馆结构失衡问题的重要依据，从而使博物馆更加充满活力，使博物馆的影响辐射到社会的每个角落。如今国际社会强调博物馆的可进入性，例如主动为贫困和远离博物馆的观众提供交通或子女托管服务，使其能够享有同等的参观权利。一些博物馆以完善先进的设备设施为基础，以人性化服务理念为原则，增加多语种导览图、多语种讲解服务、触摸屏查询电脑、智能化语言导览机、休息座椅、红十字药箱、自助购物机等设施，方便社会公众参观，并为残疾人准备了轮椅、可移动式坡道板。

英国博物馆针对残疾人、老年人、未成年观众等有特殊需要的参观群体量身定做不同的服务设施，在展览中采用盲文的展示说明牌，允许盲人观众携带导盲犬进入展厅，并为导盲犬提供饮用水等。

当今社会，博物馆的观众更加广泛，要求更加多样化。针对个性化要求、差别化要求，博物馆需要提供更加细致周到的服务，2007 年，卢浮宫博物馆接待游客数量高达 830 万人次，连续 5 年打破纪录，每天都面临人满为患带来的种种问题，参观者与保安人员之间的冲突不断发生。为解决这一难题，卢浮宫博物馆于 2008 年启动了一项文明礼貌活动，要求公众尊重展品。卢浮宫博物馆认为，不应该因为人多而变得不再好客，恰恰相反，应该更多地关注那些由于社会、经济、文化和身体原因没有机会进入博物馆的弱势人群。卢浮宫博物馆设计了一个提供大量的文物藏品介绍和互动短片的网站，让艺术爱好者足不出户就能大饱眼福。此外，他们开始培训大批教师、导游成为"参观推荐人"，并且开发了一种多媒体语音导游器，可以为孩子、盲人和聋人等提供各种主题的参观讲解。同时，卢浮宫博物馆每周五开办包含舞蹈艺术表演等活动内容的夜场，免费招待普通市民；在画廊为青年人提供素描、临摹的用具；为残疾人开辟触摸式展厅；与较"贫困"的学校建立联系，将该校的班级命名为"卢浮宫班"，定期组织学生们参观。在卢浮宫的大厅里，还为观众提供了各个语种的免费导览图。这些导览图不仅简单地介绍了卢浮宫的历史和主要藏品，还设计了合理的参观路线，参观者依据导览图，可以选择个性化的最佳参观路线，使用起来十分方便。

在今天这个科技日新月异、新思维和新观念层出不穷的时代，人们的生存环境、思维方式乃至生活方式正在以始料不及的速度发生着巨大的变化，只有善于学习、不断创新才能发展和进步。从实际出发，在了解观众的基础上，博物馆注重人性化设施的增设和陈列展览水平的提升，才能营造出安全、和谐、崭新的参观环境，以适应社会公众的需求和时代的快速发展。在埃及，"博物馆的服务工作应该深入乡村去"的口号已被广泛采纳，开罗科技博物馆为此组织了专门的乡村展览，并在举办展览之前，先在乡村里成立科学俱乐部，挑选一到两名能干的青年男女进行专门训练，以便他们能以博物馆工作人员的名义去进行工作，因为这些人更能用他们的朋友和亲戚所能理解的语言去讲解展览。

目前博物馆应当基于纷繁复杂的社会，对博物馆的未来发展进行多方面的思考，并为此采取积极有效的行动。反映主流文化的博物馆必不可少，但是关注社会问题、表达弱势群体呼声的博物馆更体现了现实的需求，博物馆之所以冠之以"博物"，就在于力图使其从多个角度反映社会及其文化的多样性。在墨西哥，国家历史博物馆原本是一座专门陈列贵族生活物品及其爱好的专题博物馆，而目前已经着手以不同的历史观点对其进行改陈，使其能够面对广大民众，同时展现墨西哥的社会、农业、工业和技术等方面的发展情况。

《关于博物馆向公众开放最有效方法的建议》强调："博物馆应易于进入并应以舒适的措施使之尽可能具有吸引力。在尊重博物馆特性及不妨碍参观藏品的前提下，最好应于博物馆范围内（在庭园、平台、适宜的地下室等）或在其周围附近，为观众提供休息厅、餐馆、咖啡厅及类似设施。"在日本，65 岁以上的老年人口约占总人口的 20%，即已经进入超高龄社会，面对越来越多走进博物馆的老年观众，日本的博物馆为高龄者提供各种各样的特殊服务，例如原本展厅内的文字较小不易阅读，就为高龄者准备大文字的展示说明；原本展厅内光线较暗，就为高龄者适当调整灯光亮度。同时，在博物馆内设立更多的休息场所，添置更多的休息座椅，为高龄者准备专用轮椅、加宽无障碍通道、设置轮椅用的卫生间，为视听障碍者准备更多的声音解说和文字解说，增加盲文触摸式展示说明，再加上多语种的语音导览机、具有亲和力的游客服务中心等，都使人们感受到"以观众为中心"的服务宗旨。2009 年清明节的清晨，中国人民抗日战争纪念馆接待管理中心的张玉平主任站在了博物馆的门口。在这个特殊的日子，纪念馆要将 1000 朵淡雅的菊花分批免费送给观众，供他们寄托对先烈的哀思。家住丰台 82 岁的张俊堂老人接过鲜花，感动地说："送人鲜花手留余香，一朵免费的菊花表达了对革命先烈的崇敬，更是温暖了自己，感谢抗战馆想得如此周到。"

博物馆不仅是历史的积淀，更是现实的呈现，健康的博物馆事业必须具有科学、完善的结构，而不是单一区域、单一领域、单一行业的博物馆文化再现。贫困、疾病等社会问题同样可以成为展示主体。巴西里约热内卢的印第安人博物馆是一座规模虽小，但是颇具特色的博物馆。该博物馆有非常明确的办馆方针，即用印第安人过去制作的和现在正在制作的物品、样品，使人们对印第安人及其所处的社会困境有全方位的了解，并使观众在离开博物馆时下决心为改善这种局面去做力所能及的事。印第安人博物馆的展览告诉观众，印第安人是他们的朋友，应该受到关心和保护，不应该被消灭或受到剥削，他们同其他人一样，本身就是值得注意的族群。建立于同一座城市的精神病人博物馆也取得了同样的成功，该馆是一座精神病院的组成部分，20 多年来医院一直把鼓励病人绘画和雕刻作为一种治疗方法，并把每一件作品都写上时间和病人的姓名，精心归档保管并陈列展示，展品的选择和布置均有博物馆学专家提供意见，从而使得该馆无论对病人及其家属，还是对附近地区的民众都产生了积极的影响，而其藏品无须任何外援也会不断地稳步增加和更新，与此同时院方也把同一个病人在今天所做的作品与其以前的作品进行比较，作为观察病人精神状态变化的依据。

近年来，世界各国在发展建设中特别重视博物馆文化的力量。博物馆具有特殊的功能，具有其他文化设施无法取代的力量，可以起到整合观念、规范行为、激励奋进的作用。2007 年 3 月，欧盟在柏林隆重庆祝象征欧盟诞生的《罗马条约》签署 50 周年，并发表了《柏林宣言》。柏林的各大博物馆开放，人们纷纷走进博物馆，欣赏来自欧洲各个历史时期的艺术精品。当欧盟已经拥有 4.5 亿人口，边界自由出入，建成大部分国家使用同一种货币的内部大市场时，欧洲公民们忽然发现，他们的生活水平及所享受的种种社会福利，与他们的父辈相比有所下降，与众多新兴发展中国家蒸蒸日上的态势相比，欧洲的经济停滞不前，失业率居高不下，物价持续上涨。于是，人们认识到，必须利用欧洲的文化潜力，让欧洲的文化成为新的推动力，影响欧洲的发展进程。此时，人们不约而同地将目光投向博物馆。欧洲各大博物馆的展览，让人们深刻感受到欧洲的文化精髓。在具有历史意义的博物馆举办各种重大活动，意在表明对欧洲文化和历史的尊重与认同。欧盟 50 周年庆典中最重要的一场活动——签署《柏林宣言》仪式，在德国历史博物馆举行，表达了对博物馆文化的尊重。如果把欧盟宪法比作欧洲的"有形灵魂"，那么，欧洲文化则是欧洲更具深层意义的"无形灵魂"。

第二节 博物馆的社会责任与城市文化

目前，人们对博物馆的作用有着新的期待，希望博物馆留给人们的不仅仅是历史的记忆，还有人们对未来的理想。因此，博物馆应当更加自觉地关心城市文化的进步，注重自身业务活动与改善人居环境的内在联系，将推动和促进社会变革和发展为己任。无论将博物馆称为"精神的家园""文化的绿洲""知识的殿堂""城市的客厅"或是"文明的窗口"，这些都不仅仅是描述博物馆的形象，还是对博物馆功能与职能的阐释。

一、博物馆应成为"精神的家园"

如果说，让博物馆成为"精神的家园"，那么，就应该使广大民众在博物馆中不仅能感受到视觉的愉悦和知识的满足，更多的应是精神的归属和心灵的净化。文化是城市的灵魂，更是人们精神世界的写照和依托。社会、政治和文化思潮的变迁越来越深刻地影响着城市的兴衰，一个精神失落的城市必定是失效的城市，而一个繁荣的城市必定有着积极活跃的民风和秩序。一个没有文化的城市常常让人质疑它的品位。贫穷的城市难以和谐，但在一些经济发达国家，也存在严重的因为精神空虚而出现的社会问题。实践证明，解决上述问题的重要途径，就是给自身传统文化、地域文化以更多的关注，给先进文化、有益文化以更好的环境，给落后文化、腐朽文化以更加有效的抵制。博物馆在这方面具有不可替代的作用，具有不可推卸的责任，也具有不可低估的能力。人类自己创造的博物馆文化，应该成为安抚自己心灵的精神家园。博物馆健康文化的弘扬，必然潜移默化地影响一代又一代的民众。因此，应将博物馆建设成为充满人文关怀与和谐氛围的"精神的家园"，成为城市文化创造的内在动力。

美国著名作家和诗人 R.W. 埃默森（R.W. Emerson）指出："城市是靠记忆而存在的。"城市是人类物质财富的集中地，是人类精神文化的创新地，是人类文化的巨大"容器"。美国学者 L. 芒福德（L. Mumford）认为："城市是一个文化容器之说，鲜明地提示了城市在人类文化进化方面的积极意义。"那种巨大浩瀚，那种对历史和珍品的保持力，也是大城市的最大价值之一。"目前博物馆已经成为文化领域发展最快的系统，具有明显的综合效益。同时，作为城市独特的文化设施，博物馆每年接待来自世界各地的参观者数以亿计，对于社会就业和经济发展的贡献不可轻视。因此可以说，博物馆是城市现代化的必要内容，是城市可持续发展的基础环节，也是衡量城市综合竞争力的关键指标。K. 林奇（lynch）认为："我们必须选择要保护什么。只要是经得起时间考验的就值得保护。"从现代发展意义上说，城市作为一个巨大的经济、政治、文化和社会的有机综合体，城市的核心资源已经不仅仅是自然资源，也不仅仅是技术和人才，还应该包括城市的人文环境。在此情况下，城市更需要文化提升。要从时代变革的含义与需求出发，赋予博物馆文化特殊价值与全新意义，从更高的视界和更宽的层面上来认识博物馆文化对于城市文化建设与发展的重要性。

联合国 2010 年 3 月 25 日发布的一份报告称，中国的城市化进程极为迅速，目前全球超过 50 万人口的城市中，有 1/4 在中国。联合国经济与社会事务部当天在纽约总部发布了《世界城市化展望 2009 年修正版》。报告指出，中国正经历着城市化的重要转型。1980 年，中国只有 51 个城市人口超过 50 万，自 20 世纪 90 年代起，中国超过 50 万人口的城市数量显著增加。从 1980 年到 2010 年的 30 年间，共有 185 个中国城市跨过 50 万人口的门槛。报告预测，到 2025 年，中国又将有 107 个城市加入这一行列。中国的城市化水平从 1980 年的 19% 跃升至 2010 年的 47%，预计至 2025 年将达到 50%。就城市化的概念来看，人口学家注重的是人口的流动过程，地理学家注重的是空间的扩散过程，社会学家注重的是生活方式的转变过程，而在文化遗产保护领域，人们感受到的是城乡大规模建设对文化遗产的冲击和影响。H. 列斐伏尔（H. Lefebvre）在《空间的生产》中认为，这种城市空间及土地的经济利益最大化与城市生活空间环境价值人性化之间的矛盾，本质是"剥削空间中抹去利润的资本要求与消费空间中维持生存的人群需求之间的对峙。"在城市化加速进程中，人们需要的是精神坐标，而不仅仅是地理坐标：需要的是人性化的文化城市，而不仅仅是城市化的功能城市。

30 年来，我国的市场经济体制已经基本确立，GDP 以年均 9.8% 的速度高速增长。上海作为我国最具活力、最国际化的城市，人口数量已达到 1900 万，跻身全球大都市之列，超过 750 家外国跨国公司在这里设立办事处，200 多米高的摩天大楼已经多达 30 余座。如今漫步上海街头，仿佛置身于曼哈顿闹市。

但是，上海仍在探索未来应该走向何处。财富源源不断地流入，城市建设永不停歇，声名远播全球，由此激发了城市的自豪和自信。但是，与此同时很多市民感觉自己的城市正在遭受某种身份危机，这一感觉与日俱增，很大程度上与如何保存过去的文化记忆有关，在追逐发展速度的过程中，城市正在逐渐失去与众不同的特质。居住在上海的作家及顾问 P. 佛伦奇（P. French）说："问题是，过去 18 个月以来，我们失去的老宅子可能比过去几十年失去的还要多。这是最让我难过的。"实际上，需要保护的不仅仅是那些有形的历史建筑，还包括生活习俗和文化传统。城市中的文化遗产是城市生命力生生不息的体现，也是演绎人类生活内涵的重要载体。生活在大都市中，人们感受着更多的城市气息，每一分每一秒无不被城市化的进程所包围。从城市发展的视角来看，准确把握城市发展的社会动态，选择切实可行的城市发展模式，制定有效的城市文化策略，对城市的可持续发展具有重要作用。

可喜的是，上海世界博览会的主题是"城市，让生活更美好"。通过世界博览会的窗口对文化遗产与城市生活进行一次深入思考，无疑有助于守护人们精神的家园，提升城市的生活质量。"城市，让生活更美好"，既是世界领域的普适性定义，又符合我国城市的理想诉求。人类的天赋在于，永远乐于创造更为宜居的城市生活形态，而快乐与幸福是人类永恒的追求。在这个追求下，上海世界博览会既彰显科技与教育、园林与建筑的魅力，又呈现诗歌与绘画、舞蹈与音乐的魅力，还诞生了足以令人陶醉和难忘的文明成果，孕育出城市中新的文化遗产。人类花费足够长的时间来建造各具特色的城市，这个过程既是生活，也是历史；既有愉悦，也有痛苦；既伴随创造，也伴随毁灭。多少个世纪以来，城市的发展给人类的生活带来了美好、舒适与财富，但是与此同时，城市的膨胀又给人类带来了污染、堵塞与喧嚣。城市已经完全改变了人类的生活格局。"城市，让生活更美好"这一命题，就是想纠正非理性举动给城市带来的诸如生态灾难以及物欲横流等弊病。让每一位城市的居民，坐在自己家中，就能畅快地呼吸到辽阔无边的草原上甜丝丝的空气；让书香挤走铜臭，在城市的林荫道上，每一位陌生人，脸上都挂着真挚的微笑。

一座现代化城市的特色，除了要有时代气息外，还要有深厚的文化底蕴。作为城市文化的重要内容，博物馆见证并凝聚了城市发展的历程，在城市记忆的保持、特色形象的展示、乡土情结的维系、文化身份的认同、生态环境的建设、和谐社区的构成等多方面具有综合的价值。将存有城市珍贵记忆、留下城市发展足迹的文化遗产融入今天的城市生活，使城市更具特色、更有内涵、更加美好，既是对城市民众的尊重，也是当代人不可推卸的文化责任。现在，许多城市为了提高城市品位，让城市更加宜居，越来越重视生态建设。湖泊水网、亲水走廊、创意雕塑、大型广场、江滩夜景等遍地开花。然而，在建设的过程中，一些地方"为建而建"，造成了自然景观不"自然"，对市民缺乏亲近感、亲和力，不仅审美效果大打折扣，也背离了城市建设的初衷。城市文脉是指一座城市的文化及文化传统，与城市功能是否延续密切相关。如果城市的文化传统得不到传承，将难以形成城市文脉。只有城市形成了自己的文脉并将其延续，城市的功能才能得到充分的发挥。城市文脉不仅是文化设施、文化遗址、文化景观的积累，更是一代代城市民众文化和智慧的结晶。因此，保护城市文脉，就是保持城市记忆，保护人们的生活智慧和发展经验。

文化城市应具有博大的文化情怀。历史文化、地域文化和现代文化的兼容并蓄、合理扬弃是城市文化发展的必然趋势。许江先生认为："文化历来是一个健全社会的文明的思想和精神核心，是平衡社会和谐发展的重要因素。它代表着社会良知，对可能出现的异化现象，担当着守望的责任。"博物馆事业发展应着眼于满足城市民众日益增长的精神文化需求，提高城市民众的思想道德素质和科学文化素质。在挖掘城市文化特色时，不但要研究城市外貌、建筑特征以及文化遗产等能给人们直观感受的文化，更重要的是研究蕴含于市民集体性格之中的城市精神。D. 格鲁考克（D. Grewcock）指出："城市规划与博物馆在很多方面都有相互重叠的领域。城市规划的某个转型时期，以及转型时发生变化的一些轨迹，都会是博物馆未来发展的有效借鉴。鉴于城市规划的方方面面都在从它传统的学科界限发展开来的，若加入了博物馆的文化因素，这就使得城市博物馆有可能与城市规划产生更有创造性、更加正式地联系。"城市的发展过程总是充满着和谐与不和谐的因素。若想促进民众与城市的和谐，就要通过城市内部人们的各类活动与各类资源、环境的有机统一，努力实现城市的规划、建设、管理与城市性质、城市规模、城市布局、城市功能相协调，进而实现城市经济、政治、文化、社会的全面、协调和可持续发展。

　　我们生活在深受博物馆影响的世界,博物馆在现代社会中的作用是其他设施所无法取代的。2009 年 10 月 22 日,首座以商帮命名的博物馆——宁波帮博物馆的大门隆重开启,向世人述说宁波城市的百年故事。宁波帮是至今还活跃在海内外的少数几个商帮之一,百余年来,超越时空、传承文明、繁衍发展、经久不衰,从无数商帮中脱颖而出并后来居上。这个以血缘姻亲和地缘乡谊为纽带联结而成的商帮群体,广泛分布于 64 个国家和地区,活跃在全球经济发展舞台。宁波帮是现代商业文化的宝贵财富,研究宁波帮不仅可以凸显和培育当前城市文化的特色,还有助于加强与海外宁波帮的交流和商贸发展。正如宁波同乡会理事长毛葆庆先生所说:"宁波帮博物馆就是我们在故乡的家,我们不仅要全力支持,还会经常回来看看。"宁波帮博物馆的建成不仅向全世界的宁波同乡展示出可以守望的心灵家园,更是使海外游子的心灵有了可以停靠的港湾。宁波帮博物馆以润物细无声的方式为宁波民众与广大侨胞、海内外人士搭建了团结友谊的平台。

　　一个城市现代化的标志不是高档汽车呈现的豪华,不是灯红酒绿下的喧嚣,而是文化氛围和文化气息。世界上一些著名城市如北京、巴黎、伦敦、柏林、圣彼得堡等,都拥有鲜明的文化氛围和强势的文化气息,无处不体现出博大精深的城市文明,这些文化智慧的成果给当地民众和来宾以人性的温暖。一个缺少文化氛围和文化气息的城市不可能成为真正的现代化城市。人们强调博物馆是城市"精神的家园",不只是说博物馆建筑的优美和环境的温馨,而是说把博物馆当作展示城市文明的窗口。春节是中华民族最重要的传统节日。2010 年春节期间,北京市组织推出"博物馆里过大年"活动,汇集了北京地区 50 余座博物馆的百余项丰富多彩、形式多样的系列活动,突出春节民俗特色,突出传统文化特点,突出观众参与,为北京市民提供了一种既传统又有新意的过年方式。在克罗地亚,每年 1 月 30 日是市民们期盼的"博物馆之夜"。当天晚上,克罗地亚所有城市的博物馆都免费开放,很多博物馆特地安排了富有特色的临时展览和文化活动。政府要求所有经过博物馆的公交线路都将营业时间延长到凌晨两点,而且都是免费乘车,由于参观博物馆的观众大多是青年学生,往往没有自己的私家车,所以政府的这一举措大大方便了人们走进博物馆。

二、博物馆应成为"文化的绿洲"

如果说，让博物馆成为"文化的绿洲"，那么，就应该使广大民众在博物馆中尽情分享文化资源、感受文化氛围。在现代城市建设的发展过程中，博物馆兼具展示传统文化内涵和引领未来城市文化的双重属性，随着现代城市文化的发展，博物馆成为城市公共设施的重要组成部分。今天，许多城市围绕博物馆形成了一个或者多个文化中心，在高楼林立的现代化都市中，形成一片片"文化的绿洲"。每个城市的传统文化能保留到今天，都经历了历史的风雨和时间的洗礼，沉淀为一座城市的灵魂。文化认同是指广大民众接受城市文化理念而产生的归属感。如同生物多样性维持着生物平衡和生命延续，文化多样性则维系着人类的文明赓续绵延。文化全球化不等于文化一元化，因此，要像保护生物多样性一样尊重文化多样性。通过对一座城市文化遗产的收集、整理和研究，博物馆将城市文化的精华展示出来，并呈现文化发展的历史脉络，那些看似遥远的历史，其实是今天城市文化发展的根基。随着博物馆全面免费开放和被纳入国民教育体系，博物馆开始走进百姓的日常生活，成为提高民众个体文化修养和整体文化素质的积极力量。博物馆将通过文化的传承、培育、积淀和创新，实现对城市文化的塑造。

单一的经济增长目标对社会关系和自然生态的损害，已引起社会各界的广泛关注。全球金融危机和环境恶化更昭示我们，反思和矫正现代文明已刻不容缓。这是 300 年以来文明观的重大调整。一方面快速发展，另一方面问题丛生，正是在这样的时代背景下，我国酝酿并尝试着发展模式和文明方向的重大调整。其实本质是矫正短视的发展主义，以人为本，构建"自然—人—社会"相互协调的新的文明共同体。中国科学院公布的《2010 中国新型城市化报告》，公布了内地 50 座城市的上班花费时间，在被调查的 13 个国家和地区中，我国内地此项指标排名第一。上下班路上耗时过长，已经成为大城市的普遍问题。拥堵的路况、拥挤的车厢、频繁的换乘，无一不令人心烦意乱。日复一日地疲于奔命。不少人的生活状态，由此成为"如果不在家里，就是在单位；或者在两者之间的路上"。资源在来来往往中消耗，效率在熙熙攘攘中降低，人们的幸福感也在奔波劳碌中一点一滴地消磨。缩短上班耗时，已经成为很多城市亟待解决的社会难题。这一难题的解决方案，多数聚焦于调整城市规划、加快城市道路建设以及提高交通管理水平。其实除了这些"全球通用"的解决方案之外，关键是更多地了解和分析民众的生活需求，以提高民众幸福度为核心，制定"以人为本"，而不是"以车为本"的解决方案。

当前，我们正处在一个思想大活跃、观念大碰撞、文化大交融的时代，先进文化、有益文化和落后文化、腐朽文化同时并存，正确思想和错误思想、主流意识形态和非主流意识形态相互交织，各种思想文化有吸纳有排斥，有融合有斗争，有渗透有抵御，这种交流、交融、交锋不仅发生在国际而且发生在国内。对不同文化的冲突、碰撞、摩擦，如果不注意协调、妥善解决，就会引起思想混乱，甚至导致社会危机。同时，都市生活带来的快节奏、紧张感及市场经济中过度发展的交换理性、分工理性、工具理性，消解了传统人类小区的关系纽带和情感生活，加剧了人与人之间的疏离感、冷漠感，由此引发各种心理疾病、犯罪、社会问题。博物馆作为城市"文化的绿洲"，通过对城市民众生活的持续影响，树立起城市特有的文化形象。博物馆给予公众的不仅是精神上的愉悦和满足，更多的是心灵上的归属感。博物馆可以为参观者提供一个娱乐的氛围和轻松的空间，在这里人们可以充分享受自己的时光，还可以与家人或朋友来共同分享。一个城市的文化渊源、文化传统和文化积累，通过博物馆得到展示的同时，在博物馆的文化塑造功能之下得到传承、发展和进化。博物馆不仅培育了城市文化，更促进了城市的软实力建设，随着城市软实力在经济社会的方方面面产生带动和辐射效应的同时，博物馆在现代城市中的不可替代价值将真正得到体现。

目前，文化、城市与博物馆的关系正在变得紧密，三者之间的关系也得到了各级政府的关注。随着时代的发展，人们的文化素质、文明程度愈来愈成为城市发展的一个关键因素，市民是城市的主体，是城市文明的创造者和体现者，也是城市文明的载体，城市市民的素质如何，直接决定着一个城市的形象，同时也关系着一个城市的可持续发展。博物馆博大精深的民族文化再现了本地的历史沿革和经济、政治、文化、社会发展的脉络，把最辉煌、最闪亮的史实呈现在观众面前，让人们了解更多的历史知识、人文精神和民俗风情，使人们或感怀于先民顽强不屈、艰苦卓绝的创业历程，或赞叹于古代工程的巧夺天工。博物馆根据独特的性质、任务，利用直观、形象、感染力强等特点，向市民传播自然、历史、考古、艺术、科学和综合人文信息，是人们获取科学知识、提高文化修养的重要场所，在丰富市民文化生活的同时，发挥着教育、激励、凝聚、娱乐、审美等多种作用，在潜移默化中陶冶市民的情操，并为市民进行科学研究和艺术创作提供丰富的数据及珍贵的资料。由此，博物馆成为培养社会道德最理想的人文环境，对于增强人们对自己家乡、祖国的认知和热爱、眷念之情，激发观众更多的社会责任感和使命感等具有重要作用。

文化城市不是单纯的城市文化的建设，而是经济、政治、科技、教育等方面的协调发展，是一个多层次、多结构、多要素、多目标的系统整体。南通，与一些历史性城市相比，历史不悠久、特色不明显、资源不突出。2002年，吴良镛教授在南通考察时指出，南通是近代史上中国人最早自主建设和全面经营的城市典范，其起始之早、功能之全、理念之新、实践意义之强，堪称"中国近代第一城"。"中国近代第一城"命题的提出，为南通在历史与现实的对接中继往开来、再创辉煌找到了重要的动力。近年来，作为我国博物馆事业的发祥地，南通动员社会各方面力量，特别是鼓励企业、民间投资兴办博物馆，建成了以南通博物苑为龙头的环濠河博物馆群。目前，南通全市共有女工传习所、纺织博物馆、给水博物馆、蓝印花布艺术馆、建筑博物馆、珠算博物馆、风筝博物馆、民间艺术馆、长寿博物馆等各类博物馆23座，其中市区内有17座，即平均不到5万人就拥有1座博物馆，这一指标达到了发达国家水平，南通因此被誉为"博物馆城"。在博物馆建设的良好氛围下，南通中国眼科学博物馆、南通中国环境博物馆、南通中国技工教育博物馆、南通气象博物馆等一批高水平的专业博物馆也纷纷选择在南通筹建，不但博物馆的规模在不断扩大，而且质量也在不断提高。

现代社会的城市文明程度不是以这个城市有多少商店、多少宾馆、多少高楼大厦来衡量的，而是以这个城市拥有的博物馆、图书馆、美术馆的规模和数量来衡量的。目前世界一些国际大都市，往往拥有200多个博物馆。一座城市的博物馆群是城市文明的载体，反映出城市文化发展的整体水平，是城市文化竞争力的重要体现。没有人是生活在真空中的，我们所有人都是经过漫长生物演化和文化发展历史的产物和接受者。这个历史与我们如今所处的环境一起影响着我们的思想、行为。比如，浙江自然博物馆和浙江革命历史博物馆，连同原有的浙江博物馆、中国茶叶博物馆、中国丝绸博物馆、杭州历史博物馆、杭州名人纪念馆、中国印学博物馆及其他一系列专题博物馆和名人故居等，形成了一个环绕西湖的博物馆群落，而西湖也因为这些博物馆的存在而呈现更具人文色彩和文化底蕴的非凡景象。

人们生活在两种生态环境中，一种是自然生态环境，另一种是文化生态环境。自然生态环境的恶化状况日益严重，人们已经尝到环境污染和生态破坏带来的苦果。同时，人们对于文化环境越来越多地给予关注。以 J. 斯图尔德（J. Steward）为首的美国文化生态学派认为文化本身也是生态系统，其包括两个方面的含义：第一，是指人类的文化和行为与其所处的自然生态环境之间相互作用的关系；第二，认为人类文化是一个相互作用的整体。城市文明的发展是历史的进步，它广泛而深刻地影响着人们的生活方式和社会心理。城市的发展为人们带来了更多的舒适、便利和机会，也带来一些新的困扰和问题。人们赖以生存的城市家园不同程度地面临着记忆消失、面貌趋同、交通拥挤、环境恶化等诸多问题。城市的发展不断地满足并刺激人们的物质需求，而精神上、心理上的慰藉和憧憬却在不同程度的减少。人们在为城市日新月异的变化而兴奋的同时，困扰和疑虑也在悄然滋生。文化生态，就是人们精神呼吸的空气，通过耳濡目染影响人的精神世界，影响人的行为。张德祥先生认为，尽管当前文化的主流是好的，但是文化圈内也有不少不和谐音。文化生态应当引起重视，因为关系到世道人心的健康，关系到社会和谐与文明进步，关系到正气与邪风的消长。在此背景下，人们对博物馆与地域文化生态甚至全球文化生态的关系日益重视。

我们究竟需要一个什么样的生存空间？我们究竟在追求怎样的生活？当人们试图以全新的、理性的眼光审视扑朔迷离的城市形态时，不约而同地选择了文化的视角。有人把博物馆形象地比喻为一棵大树，那么，体制是干，管理是枝，业务是叶，文化是根，而社会环境，则是它的土壤。多伦多诗人 P. G. 迪奇科（P. G. Di Cicco）主张"城市必须爱上它自己"。多伦多作家 R. 富尔福德（R. Fulford）曾说过："我们用两种方式来构建城市，一种是用水泥，另一种是用想象。"为了构建和维持适于生存的、有趣的城市，我们需要让所有的公民感受到他们自己、他们的祖先和孩子都可以成为城市进化故事中的主角。多伦多以"我们的'人文节'"来实现这一目标。"人文节"是多伦多湖滨区一种新的、创新性的城市博物馆，它把多伦多的故事告诉市民和所有来访者。保护城市的文化遗产，并非是一种被动地对抗岁月的磨蚀，其中也包含着对城市人文生命的挖掘与创新。文化不仅是经济、社会的驱动力，而且还是整个社会生活和社会系统的大脑、血脉与灵魂。基于这个原因，世界上凡是充满活力和魅力、具有锐气与朝气的宜居城市，都无一例外地有着良好的人文环境和深厚的文化底蕴。

毕尔巴鄂古根海姆博物馆，作为由博物馆文化的力量推动城市转型的著名案例，证明博物馆有能力在工业时代的废墟上，在一片萧条中重建一座面向未来的文化城市。毕尔巴鄂是一座有着 700 年历史的古城，一座在西班牙称雄海上时代的重要海港城市。19 世纪毕尔巴鄂由于出产铁矿而重新振兴，但是 20 世纪中叶以后由于传统工业的颓败，成为一座污水横流、废气弥漫的"灰色"工业城市。1991 年，毕尔巴鄂市政府与古根海姆基金会共同做出极为深远的决定，邀请美国建筑大师 F.O. 盖里（F.O.Gehry）为毕尔巴鄂设计古根海姆博物馆。针对这一决定，何辰教授表示："提出建设博物馆来振兴城市时，确实遇到许多挑战，毕竟当时依然面对危机，这是用公共基金来投入的。然而六年后的事实证明，通过文化振兴来实现城市发展，其带来的效果远远超出当初的预料。"1997 年，毕尔巴鄂古根海姆博物馆正式落成启用，它以奇美的造型、特异的结构和崭新的材料令全世界瞩目。几年后，世界建筑艺术界评价毕尔巴鄂古根海姆博物馆"属于最伟大之列，与悉尼歌剧院一样，它们都属于未来的建筑提前降临人世，属于不是用凡间语言写就的城市诗篇。"博物馆文化的力量使毕尔巴鄂脱胎换骨，变成一座充满魅力的文化城市。如今，毕尔巴鄂不再是一个灰暗的、充满工业危机的城市，它已经成为欧洲经济发展、旅游休闲、投资环境最好的城市之一。

三、博物馆应成为"知识的殿堂"

如果说，让博物馆成为"知识的殿堂"，那么，就应该使广大民众能够经常走进"知识的殿堂"，享受应该获得的文化权益，接受文明的熏陶。博物馆是高雅的文化殿堂，此话不错。想当年，法国的卢浮宫，中国的故宫，收藏了许多宝物，只供皇室和达官贵人欣赏把玩。这"高雅的殿堂"便成了贵族的专利，百姓不得问津。法国大革命后，中国辛亥革命后，这两座宫殿作为博物馆向社会开放了，打破了贵族的垄断，是一大进步！虽然这种开放是不彻底的，还有很多的限制，但毕竟是朝着正确的平民化方向前进。作为收藏人类文化的殿堂，博物馆在社会发展的进程中，从某种意义上说，具有文化坐标的性质。博物馆以其深厚的人文积淀，以其无可比拟的文化象征优势，赋予城市精神的灵性和文化的气韵，潜移默化地培育着城市的形象。决定城市形象、城市地位以及城市生活质量的因素并不是由所谓的"标志性工程""政绩工程"来展现的，而是通过对地方文化的认同感与回归感，由广大民众的精神状态、文化信仰和生活信念来展现的。当代博物馆的建设不仅仅是一个建筑过程，也是一个文化过程，一个社会过程，对经济、政治、文化和社会进步具有巨大的推动作用，博物馆早已超越了其传统意义，一方面，博物馆使各民族之间的文化交流、碰撞和融合更为剧烈；另一方面，博物馆也使人们更加关注自己民族的文化传统，关注自己的文化之根。关注传统、了解和认识传统，是现代化浪潮冲击下，人们强烈追求的精神需求。人们当前生活在信息化、网络化的"地球村"中，文化的同质化日益大于文化的异质化，使许多人忘记了血缘、亲缘与地缘的原有脉络，产生了"我是谁，我从哪里来"的困惑，博物馆的展示、教育对此都应该给予震撼心灵的回答。当人们知道了自己的血缘、亲缘与地缘，得到文化认同，才会产生归属感，有助于社会的和谐。今天，博物馆在人们的日常生活中，扮演着越来越重要的角色，并且与整个城市存在同生共荣的关系。凡是历史上的文化元素，博物馆都必须审慎地加以辨别，在诠释中展现其人文精神和社会价值。这样，传统文化才能与时代精神融为一体。在博物馆中，文物藏品既是古老的、饱经沧桑的，又是年轻的、充满活力的。博物馆文化的每一个新创意和新举措，都将丰富和提升城市生活的文化含量。俄罗斯总统普京在参观北京故宫时留言："一个伟大的民族植根于历史。对此重要的历史文物，如此地珍爱和保护，值得尊敬。这样的民族必将有伟大的未来。"

在城市化进程加快的今天，城市文化早已成为重要的社会资本，支撑和决定着城市的发展进程。城市文化的发展水平往往代表着一座城市的文明程度所能达到的最高水平，城市文化的提升是城市发展的重要任务。通过参观博物馆，了解城市文化，可以提高市民对所在城市的认同感、满意度，进而产生自豪感、优越感，逐渐转化为城市的凝聚力，产生更大的感召力，最终形成人们热爱城市、建设城市的热情，使城市居民积极参与城市发展的进程，这些是城市文化发展的根本动力，也是城市文化发展的根本价值。因此，博物馆必须承载历史，反映城市的历史发展过程及其特有的文化积淀；博物馆要展现现实，多层次、多侧面、多角度地反映现实的文化内涵；博物馆要昭示未来，传承、创造属于城市独特的新文化。过去，一些博物馆展览没有很好地考虑公众的心理和审美诉求，如今，公众的参与和对展览质量的监督促使博物馆认真、全面地考虑观众在审美、知识、历史、文化方面的诉求，否则将承受公众和新闻媒体的舆论压力；过去，博物馆把观众当作知识教育的对象，没有作为平等的主体进行交流。如今，一些博物馆经常举办一些专题性的文化论坛和讲座，旨在提高公众解读博物馆藏品资源的能力以及交流对话的能力。

真正的文化城市应该是具有良好的文化与自然生态的城市；是兼顾物质文化与精神文化发展的城市；是人与自然和谐相处的城市；是大多数公民的道德和文化素质较高的城市；是人们能够处处感受到文化氛围的城市；是城市小区文化发达的城市；是具有鲜明特色和个性的城市。文化城市应具有高雅的文化气质。文化城市要成为高尚文化的沃土，城市的主流文化要贴近生活、紧扣时代脉搏，要将每一个城市单元都融入主流城市文化之中。博物馆作为社会瞩目的公共文化机构，以其独有的文化资源和文化方式为社会和社会发展服务，构成了独特的博物馆文化。早在1880年，在普及知识、开启民智的目标下，布宜诺斯艾利斯省政府决定，在首都一个空旷的平原上建设一座新城，并在新城中同时建设一座"有重要影响力的博物馆"。于是，一座长135米、宽70米、高4层的拉普拉塔博物馆就与新城同时诞生。建成之时，这座博物馆的高度、体积、投资都超过了包括市政府大楼在内的其他任何建筑，使城市保持着一种独特的文化气质。现在，"博物馆文化的共享与弘扬"已成为全球博物馆界的一个共同话题。作为博物馆工作的核心内容，博物馆应既形象鲜明又深入浅出地揭示城市文化主题，展示一座城市或一个地区的文化风貌。只有紧紧围绕这一核心内容，并从博物馆的自身资源中加以挖掘，才能突显博物馆给城市未来带来的积极意义。

　　作为城市历史的记录者和展现者,同时也是城市文化重要承载者的博物馆,其核心使命绝不仅仅是为今天的城市发展而记录过去,也为未来的城市发展而留存今天,既要联结和展示现实与历史之间的关系,又要展望未来的发展方向。正因为博物馆作为社会瞩目的公共文化机构,以其独有的文化资源和文化方式为社会和社会发展服务,才构成独特的博物馆文化。在上海,1996 年上海博物馆新馆落成,成为展示上海城市文明的重要窗口。在新馆建成的 15 年中,上海博物馆成功举办了数十个大型展览,产生了较大的社会影响,对弘扬上海城市文化精神发挥了积极作用。上海博物馆关于大型展览的定位与功能、大型展览的模式及可持续发展、大型展览的社会互动与城市文化精神的激励等新的课题和新的观念在实践中不断被提出,这些理论思考和创新概念又不断地指导新的实践。在北京,博物馆的发展体现出城市综合实力不断增长的过程。1949年,北京地区仅有博物馆 2 座;1965 年,北京地区的博物馆增加到 15 座;近年来,北京地区的博物馆实现较快发展,80 年代初达到 38 座;90 年代初达到90 座;世纪之交,北京地区的博物馆数量突破了 100 座;如今,北京地区的博物馆数量接近 150 座。这一发展变化是我国博物馆整体发展状况的缩影。

　　博物馆被誉为"一本打开了的关于人的本质力量的书"。文化是指人类精神生产的能力和产品,具有认知、教化、审美、娱乐交流、传承、塑造等功能,对于陶冶人的情操、提高人的素质、实现人的全面发展,具有不可替代的重要作用。当今时代,城市竞争不仅体现在物质财富的生产,还体现在精神层面的升华。文化是区域竞争力的核心内容,影响并决定着区域发展的前景和方向。文化作为现代城市的灵魂,已经成为城市生活中举足轻重的关键元素。从"功能城市"走向"文化城市"成为越来越多城市的发展理念。在城市现代化进程中,如何使城市经济发展富有文化内涵、城市规划建设突出文化特色、城市社会环境注重文化生态、城市社会生活体现文化素质、城市民众发展追求文化品位,这些都是需要认真思考的问题。目前,我国广大民众的文化需求呈现五个明显的变化,一是文化需求总量呈现较大幅度增长,二是社会对文化产品和文化服务质量提出了更高的要求,三是文化消费更加多样化和市场化,四是文化产品的制作、传播、消费手段和方式更加科技化和现代化,五是不同文化相互影响的程度日益加深。当经济社会发展到一定阶段,物质财富的积累和社会收入水平达到一定程度，人们便越来越关心如何生活得更好，这种生活不仅包括物质生活，更包括精神文化生活。

　　精心呵护文化遗产，维系历史文脉，留住城市记忆，是人们生存发展的心理需求，也是当代人对祖先和子孙后代的文化责任。对此，博物馆应对文化遗产保护和城市文化发展做出更大的贡献。现代意义的博物馆伴随着人类理性的觉醒而发展。博物馆始终和城市的发展和文明的进步息息相关，作为人类理性觉醒的产物，得益于工业革命和社会发展的推动力，已经成为一种独有的文化标志。参观博物馆，实际上就是在阅读一座城市的历史，使我们了解过去，展望未来。博物馆通过积极参加国家性、地域性的文化活动或文化节日，树立自身公益性的社会形象，这是博物馆主动融入社会的具体表现。每个城市都有表现自己地域特征的文化活动或文化节日，有的是与民俗或某种纪念活动有关的传统文化活动或文化节日，体现了浓郁的地域特色和民族特色，例如龙舟节、风筝节、泼水节等；有的是代表现代城市经济文化发展特征的文化活动或文化节日，例如服装节、音乐节、电影节、艺术节等。这些定期举办的文化活动或文化节日无论是传统的，还是现代的，都体现了城市发展的文化风貌，成为当代以文化力量推动城市经济社会发展的有效手段。博物馆主动参与其中，使博物馆成为城市文化的有机组成部分而发挥独特的作用。

　　中华文明是世界古老文明之一，在人类文明史上占有重要地位。中华文明的原生性、可信性、整体性、连续性、先进性和包容性等特点傲立东方，著称于世，为后代留下了蔚为壮观的文化遗产。这些文化遗产是民族的"根"，是国家的"魂"，是我们穿越时空、走向未来的精神纽带。而保护这些"根"之所系、"魂"之所在的文化遗产，是历史赋予我们的庄严使命，也是我们为后代肩负的神圣责任。中华文明作为一个历史悠久、根基深厚的文化体系，具有自己鲜明的特色，其中蕴含着许多久经考验的，有利于人类和谐发展，而又是其他文化所欠缺的优秀元素，这些元素不断为人类的进步和未来的发展提供新的思想启迪和文化滋养。保存在我国各地博物馆中的系列文物藏品，可以为中华文明描绘出清晰的文化图谱，使人们能够清晰地了解"我们是谁""从哪里来""到哪里去"，并找到与世界其他文化对话的正确立场和恰当位置。博物馆文化资源具有"跨行业""跨学科""跨领域"的知识属性和文化特点。因此，研究博物馆文化资源，必须以系统化的思维方法，理解和适应新的变化和新的特点，倡导和推动博物馆与各学科间的交流对话，打破学科壁垒和狭隘浅薄的门户之见，实现方法与视野的互补，从而实现博物馆文化的提升和创造。

博物馆是社会集体记忆的重要组成部分。博物馆旨在提高公民素质，提供唤醒人们理智的经验。一位作家写道"万一迷路，我希望自己就在博物馆附近。因为在博物馆你不会真的迷路。"我们可以说，现在整个城市就是一个博物馆群。此时，我们所说的博物馆已经是个很宽泛的概念了。博物馆从来没有像今天这样如此深刻地影响着社会、如此深入地走进大众的日常生活中。这是一个属于博物馆的时代，是一个充满博物馆情结的社会，已经形成了势不可挡的博物馆现象。博物馆已经成为我们文化景观中的一个主导性特征，形成了我们对历史与自身的最基本认识。美国博物馆理论家 D. 普莱茨奥斯（D. Preziosi）撰文写道："今天，我们生活在一个深受博物馆影响的世界。如果没有这项卓越的发明，我们的世界将无法想象。"城市发展的目标是为了使人们的生活在物质和精神上得到多方面的满足。城市中的历史街区、文化遗存、社会习俗等一切物质与非物质文化遗产，均是漫长历史发展过程留下的记忆，渗透于城市中的每一寸土地，而博物馆正是收集和记录城市记忆，见证和展示城市变迁，具有特殊使命的文化设施。博物馆已经成为城市发展不可或缺的组成部分，以其巨大的文化力量，联系着社会生活的方方面面，成为惠及广大民众文化生活的"知识的殿堂"。

当近代科学来临的时代，英国的著名哲学家 F. 培根（F. Bacon）提出了"知识就是力量"的英明论断，他不仅在科学的意义上奠定了知识的至尊地位，而且也通过对知识的盛赞，在人类社会促成了对知识价值的普遍认同。长期以来，F. 培根（F. Bacon）的箴言不断被事实所验证，不论是工业革命的发展还是新技术革命的兴起，文化知识与科学技术都在其中起到了不可替代的决定作用。D. 格鲁考克（D. Grewcock）认为："城市博物馆是一个开放、真诚的民主地点，并且从物理上说，可以被看成是城市的一部分，同时还是在城市历史语境中就城市问题进行辩论、商讨和实践的地方。"新时期博物馆应该更加体现以人为本的精神，更新服务理念，强化服务意识，充实服务内容，突出服务特色，逐渐成为为社会公众服务的"知识的殿堂"。博物馆应分别针对学生观众、家庭观众、年轻观众、老年观众等不同的观众群体，设计和开展更多新颖、有趣的活动。开放部分过去隐藏的博物馆空间，如实验室、文物仓库的某一部分，使观众有机会揭开博物馆工作神秘的面纱去窥探其中的奥秘，采取向学校出借文物盒的方法，使学校拥有一个可以辅助教学的迷你博物馆。设计移动博物馆，走进小区、偏远的乡村或繁华的商业街区等非传统的展览地点，将历史学和考古学知识带到更多的人群中间。

四、博物馆应成为"城市的客厅"

如果说，让博物馆成为"城市的客厅"，那么，就应该使广大民众能够充分利用"城市的客厅"，享受到应该获得的文化氛围，接受文明的洗礼。当公众能够自由进出博物馆，把博物馆当作自己的博物馆，当作生活中不可缺少的一部分，当作向外地客人展示精神家园的地方时，博物馆就成为所有市民引以为豪的"城市的客厅"。博物馆文化的产生与发展，标志着人类文化的进步与成熟。城市的文化资源、文化氛围和文化发展水平，在一定程度上决定着城市是否具有活力和竞争力，决定着城市的未来。在此过程中，博物馆通过对城市生活潜移默化的影响，逐渐形成城市的文化标志，形成城市的文化品牌，形成城市的文化精神，形成城市的文化竞争力，引领未来城市经济社会的发展。文化遗产资源是一座城市最为宝贵，最为独特的文化优势。博物馆是公共文化服务体系的重要组成部分，是保护、收藏人类文化知识的殿堂，具有经典性、纪念性和永久性的特征，往往作为一座城市的文化坐标和文明形象而存在。博物馆以其深厚的人文积淀以及无可比拟的文化内涵优势，赋予城市以精神气质和文化品位。因此，博物馆应该积极创造条件，使广大民众作为城市的主人，更多地利用"城市的客厅"，为民众提供更为优质的社会服务。

博物馆文化属于精神范畴。博物馆的文化力量包含着理想、道德、科学、礼俗、情操等诸多文化因素，凝聚着博大精深的知识体系，成为人们的价值取向与理想追求，形成独特的社会文化环境。文化软实力，作为21世纪人类社会发展的新动力，正在日益凸显出对于社会进步的强大推动作用。进入全球化时代，越来越多的城市拥有了先进的城市基础设施，一些城市居民甚至开始获得发达国家城市水平的物质生活享受。但是，这些并非人们所需要的城市生活的全部。如今化解人与自然、人与人、人与社会等的种种矛盾，需要依靠文化的陶冶、教化、激励作用，发挥先进文化的凝聚、整合、传播作用。只有这样，一个社会才能得到较为有效的治理与健康、有序、和谐、可持续的发展。因此，更加融入城市文化、更加重视全民教育、更加关注社会发展、更加强调服务民生，应该成为博物馆文化新的关注点和思考点。博物馆的发展问题应该从文化的角度去研究和探索，因为博物馆正是在文化的土壤中培育和生长的。博物馆文化要在馆舍、邻里、小区、城市等各种物质和非物质构成的空间中，根据人们的需要，体察人们的思想、活动及喜怒哀乐的心理变化并加以研究，目的在于努力满足人们不同的生产生活的需要和方方面面的社会需求。

博物馆是一个内涵极为丰富的概念，博物馆的收藏几乎涵盖了人类社会和自然界的方方面面，并且同人类文明一样，具有一个漫长的发展过程。今天，越来越多的博物馆主动融入社会生活，不断建立和完善博物馆公众参与的机制。为了给更多的参观者提供文化服务，韩国的首尔历史博物馆从2003年开始，将开馆时间延长到晚上10时，这项举措贯彻了"首尔特别市建立健康夜文化生活"的政策，博物馆承担了其中枢的作用。根据这项文化政策，博物馆提供了"与爸爸一起观看展览""为职工提供的历史补习班""流动着音乐的博物馆之夜"等多种夜间展览项目。活动在首尔博物馆前的广场进行，包括做饼、做瓷器、叠韩服等市民直接参与的项目，这些项目从视觉、听觉、味觉、触觉等方面入手，再现和介绍了手工艺生产等在城市里难以见到或难以体验的传统文化项目。特别是各处的"体验角"，每日有超过1万名观众积极参与，延续着民众直接体验首尔历史与文化的热情。2008年4月，在韩国首尔市的35个博物馆、美术馆共同举办的"美丽首尔"专题展览中，展示了具有首尔地方特点的400件展品，集中反映首尔历史和文化发展变化，记录现代都市生活中急速消失的传统日常生活状况，并通过文化遗产保护的实践活动，将博物馆转型为城市文明的公共交流中心。

博物馆是时代的一面镜子，系统地反映着一个国家、地区、城市的文化状况和特征。博物馆的文物收藏、科学研究、保护管理以及陈列展示，使得原本断裂的历史残片连缀成一段完整的历史之链，从而给人们带来感悟和启迪。博物馆是历史文化的保存者，同时，随着社会的不断发展和博物馆理论的不断创新，它也将自己置身于现代文明之中，不断完善、充实自身，发展成为类型齐全、布局合理、内容丰富、形式多样的博物馆文化。在一些发达国家，参观博物馆早已成为公众的一种休闲习惯，一种文化习俗，一种生活方式。每逢节假日，各大博物馆都会比肩接踵。特别是每逢精彩的专题展览开幕，都会吸引参观者从四面八方赶来，使博物馆真正成为反映社会文明的窗口、培育公民素质的沃土和"城市的客厅"。柏林是德国第一个举办"博物馆之夜"活动的城市，每年两次，所有的博物馆由晚上6时开放至隔日凌晨2时，博物馆提供丰富的特别节目，一个夜晚参观博物馆的人数可以达到24万左右。美国学者L. 芒福德（L.Mumford）指出："城市有包含各种各样文化的能力，这种能力，能将文化浓缩凝聚和储存保管，也能促进城市消化和选择。"希腊的文物法律明确规定，古物属于所有市民共有。新发现的古迹、古物，要适时通过电视、报纸报道、宣传，相关部门不得隐瞒信息。

21世纪，世界城市之间的竞争并不仅仅体现于城市规模、城市经济效益指标及城市硬件的现代化程度，这只是一系列不断浮动变化的参数。城市包含着人们渴望享受的所有现代生活方式和赖以生存的人居生活环境。博物馆是一种社会现象，其产生、发展与社会的需要密切相关。伴随着时代的变迁，博物馆不断担负新的历史使命，回归"为社会及其发展服务"的总体目标。事实证明，博物馆是城市文化建设的重要力量，也应当在城市文化建设中扮演应有的角色。博物馆有责任、有能力积极参与并帮助人们理解与改变他们的城市环境，为构建一个更加和谐、美好的社会做出积极的贡献。几十年来，我国的博物馆从被认为是"城市的名片"，发展到被视为"城市的客厅"。今天，博物馆的发展与所在城市的历史文化、政治经济、民风民俗有着紧密的关系，包括生态环境、地理地貌，博物馆伴随着整个城市的呼吸而生存，人们早已无法把博物馆的发展与城市的发展割裂开来。在当代社会生活中，博物馆是新的城市文化中心，是公众交往的重要场所，更是对外交流的舞台，其公共空间的开放性、共享性是衡量博物馆水平的重要标准。博物馆也只有更深入地渗透并融入城市文化，才能真正发挥出"城市的客厅"的作用。

1993年，K. 赫德森（K.Hudson）在一篇题为《大欧洲博物馆》的文章中阐述了对于博物馆功能的理解："从博物馆的角度看，我认为每个城镇、村庄、景观，每个国家，甚至每个洲都可以被看作是一个'大博物馆'。在这里，每人都能找到他们自己的根，都能明白他们如何融入数百年来延续下来的人类活动的各环节之中。'大博物馆'的传播推广要通过我们所说的博物馆这一机构来进行。博物馆存在的真正原因是它能使我们的生活更有趣、更有意义。"H.弗里曼（H.Friman）在斯德哥尔摩市博物馆工作了很多年，对此深有同感，即博物馆的主要任务和经营范围就是城市本身，博物馆必须参与到城市的建筑环境和社会生活的诸多变化的讨论之中。博物馆不仅要通过物品的收集和行为的实证，更要通过观点的交流、沟通和辩论来获取这种功能。博物馆的存在主要是激发市民对博物馆围墙之外城市及世界的好奇和探索之心。为此，H.弗里曼（H.Friman）于1996年秋在斯德哥尔摩街区启动建立了一种新的、没有围墙的博物馆，开始用新方式与人们沟通。这个项目的另一个重要目的是向参与者们开放城市，以便他们能逐渐把斯德哥尔摩视为一个属于他们的地方。在"斯德哥尔摩教育"背后还有更深一层的意义，那就是营造一个良好、开放的社会。

在城市中，文化遗产是经过漫长历史时期逐步形成和遗留下来的宝贵财富，反映着城市的历史、社会、思想的变迁，是"可能触摸到的消逝了的真实"。城市的魅力在于特色，而特色的基础又在于文化。城市一旦形成深层的文化，形成市民的集体性格，这个城市便有了魅力，也就有了城市精神。城市精神不仅写在历史书上，还活生生地存在于市民的集体性格之中。文化城市应具有鲜明的文化特色。城市文化特色不仅是一种凝聚力和认同感，更是外界看待、了解一座城市的重要切入点。只有具有鲜明特色的城市，才能在世界上拥有属于自己的地位。文化特色和个性的消失，城市将失去其参与全球化竞争中最具影响力的文化资源，这对于一座城市的长远发展而言极其危险。一个商业气息时刻扑面而来的躁动城市不可能是文化城市。一座没有博物馆的城市，是一座没有灵魂的城市。博物馆本身就是动态过程的记录，既为今天记录过去，又为未来留存今天；既使历史文化得以保存，又使现代文化得以融入；既展示历史与现实间的关系，又展望未来的发展方向。在这一形势下，博物馆应当努力担当"城市的客厅"和文化中心的角色，表现出特有的文化质量，为城市良好的人居环境增添文化与艺术气息，提升城市的文化竞争力。

　　把博物馆比喻为"城市的客厅"，是对博物馆功能的一种阐释，能否真正发挥作用，关键在于公众能否参与，在于能否建立和完善博物馆公众参与的机制并在制度上给予充分的保障。维也纳博物馆中心由占地约6万平方米的昔日奥地利皇家马厩改建而来。随着奥地利现代艺术博物馆、维也纳利奥波德绘画博物馆等几十家不同规模的艺术机构在附近安家落户，该地区成为世界著名的文化聚集区之一。《思奇》是维也纳博物馆中心广场空地上的一组极具特色的雕塑。这是一组用于公共区域的多功能雕塑，由114个完全相同的构件组成。夏日时它们被用作独立的座椅或躺椅，供市民与游客休息，纳凉和玩耍；冬时将分散的各部分组装拼接起来，成为一间别出心裁的"爱斯基摩冰屋"。《思奇》每年更换一种颜色，以全新的面貌迎接来自世界各地的游客，例如2003年是"游泳池蓝色"，2004年是"亮玫瑰红色"，2005年是"开心果绿色"，2006年是"惬意红色"，2007年是"奶油米色"，2008年是"奥地利紫罗兰色"，2009年则是"柠檬黄色"。而2010年，维也纳市民可以在3月14日前通过互联网为雕塑《思奇》挑选颜色，备选的四种颜色分别为"茂盛草场的绿色""糖果店的粉色""草莓田地的红色"以及"市中心区的灰色"，选票的统计结果由维也纳博物馆中心网站予以公布。

五、博物馆应成为"文明的窗口"

　　如果说，让博物馆成为"文明的窗口"，那么，就应该使广大民众参观博物馆的过程成为开阔文化视野、增长科学知识、接受传统教育和享受知识熏陶的过程，同时也是提升文明素质的过程。城市是文化的产物，又是文明的重要生成地。城市本身就是一件杰出的文化作品。文化的力量深深地熔铸在城市的创造力和凝聚力之中，是团结民众、推动发展的精神支撑。博物馆是人类历史发展的见证，代表着一种独特的艺术成就和独特的自然风情。所以，在一座城市中，博物馆是集中体现城市文化灵魂的场所，是促进科学文明的课堂。博物馆应根据公众的多样性需求，在增强吸引力、寓教于乐等服务功能上下功夫，从而使博物馆的教育功能充分展现。博物馆是城市"文明的窗口"，是建设文化城市的重要资源，博物馆作用的发挥，就是城市文化的弘扬。将博物馆作为"文明的窗口"，其目的在于增强文化在国家生活中的地位与作用，使博物馆更加融入社会，更加贴近民众、贴近生活、贴近实际，提高博物馆的社会贡献率。因此，博物馆需要主动地联系观众，从公众需求出发，严肃认真地设计提供服务的过程，将服务观众的思想贯穿于博物馆发展整个过程的始终。

自人类进入 21 世纪以来，我们所面临的突出问题是环境恶化与文化冲突，协调各种文化之间及人类与自然之间的矛盾，是当今世界最紧迫的任务。而博物馆在保护文化多样性及生物多样性，开展不同文化之间的对话和不同族群之间的交流方面具有得天独厚的优势。因为博物馆中保存着不同民族、不同文化色彩的精神财富，这些财富告诉人类应当如何相互依存、相互帮助。因此可以说，博物馆是沟通文化的桥梁，是推动社会变迁与发展的力量。人们对博物馆文化的热爱，表达出人们对历史记忆的渴望。在漫长的岁月里人类创造了璀璨的文明，然而，如果没有对历史有意识的记录，再辉煌的文明也将被岁月的尘埃裹挟而去。当前，我国博物馆的职能和社会角色正在发生显著的变化，从传统的重视保藏和研究功能，逐步转向更加突出文化传播，宣传教育和休闲娱乐功能。藏品若被利用好，便不再是静止的对象，而能成为可以引起化学变化的酵母，它们对观赏者潜移默化的影响巨大，对艺术生命有再造之功，会催生新的艺术珍品的诞生。当新的艺术珍品也成为藏品时，便构成了一个美妙的"生态循环过程"。从"物品"到"藏品"，实现文化遗产的保护；再从"藏品"到"展品"，实现文化遗产的传承，博物馆以这一"生态系统"的延续，参与社会和谐发展的进程。

从世界博物馆的起源来看，博物馆是城市文明的产物，是一座城市历史的文脉，是一座城市文明的窗口，是一座城市发展的灵魂。一个城市的文明发育，不仅体现于现代化的程度，更重要的是历史发展的延续性和独特性，保护历史文脉就是保留城市的"根"与"魂"。在全球化背景下的后工业时代，文化财富的积累和保护是文明发展的基础，文化财富是最重要的社会资源，对于未来发展拥有无限潜能。圣彼得堡市被称为俄罗斯的"文化首都"，这一地位的确立在很大程度上得益于该市拥有众多举世闻名的博物馆。圣彼得堡拥有 250 座博物馆，在市内 36 个历史文化保护区内的 4000 多处历史建筑和文化遗迹中，分布着艾尔米塔什博物馆、俄罗斯博物馆等享誉世界的著名博物馆。博物馆形成了圣彼得堡社会特殊的心理状态，实现了民众对文化财富的永久继承，成为城市稳定发展的重要因素。没有博物馆文化就无法想象圣彼得堡今天的生活和未来的发展。同时，丰富的博物馆资源也支撑着圣彼得堡的经济复兴，深厚的文化底蕴使其具有特殊的投资魅力，为市民带来现实的社会福利。圣彼得堡利用得天独厚的文化财富培育着现代社会的合格公民。圣彼得堡民众认为，博物馆文化滋养着现代科学、教育和文化，是民族自尊和获得国际尊严的力量源泉。因此，圣彼得堡将博物馆建设作为城市发展的重要战略，博物馆在社会生活中占有重要地位。

近年来，对博物馆的钟情成为上海市民突出的文化特征。2003 年 1 月 6 日是一个极其普通的日子，然而这一天因为"晋唐宋元书画国宝展"在上海博物馆落下帷幕而变得不普通。在上海博物馆的 50 年历史上，还没有哪一个展览把闭馆时间定在子夜，让最后一批观众在迎接晨曦时离开，而气氛比开幕式还隆重热烈。一场文化热浪席卷了申城。"晋唐宋元书画国宝展"展出的一个多月，每天凌晨，气温虽低但是观众已经在严寒中开始形成队伍，直至早上开馆。进馆后在《清明上河图》等展品前依然排起长队，一排就是几个小时。《解放日报》为之刊登长篇通讯《长队优美"晋唐宋元书画国宝展"的告诉》，记者的文字客观而深刻，"不是计划时期抢购凭票商品，不是春运高峰苦候返乡车票，不是房产旺市竞买火爆楼盘。前所未有的长队，史无前例的人潮——上海排队看书画"。打动人们的不仅仅是 72 件"国宝"，还有伴随珍贵文物而呈现的民族凝聚力，它们诉说着民族文化的博大精深、源远流长。

博物馆文化是城市文化的重要组成部分，博物馆文化又与作为背景的城市文化互动互益。城市因为有了博物馆及其文化积累而显得和谐与宁静，博物馆也由于有了和谐与宁静的城市环境而更加理性与深沉。博物馆创意无限的文化情怀不仅丰富了城市文化的色彩，还提升了城市文化的品位，凝聚了城市文化的精髓。城市文化的发展也对博物馆文化不断提出新的要求与挑战，促进博物馆在城市文化发展进程中拓展自身功能与社会功能，使博物馆更好地为城市文化品格、文化品位和文化质量的育成做出贡献。博物馆以其独有的文化资源和文化方式为社会服务，构成独特的博物馆文化形态，用"润物细无声"的方法，滋润着城市文化，养育着城市风骨，弘扬着民族精神。如今，博物馆在作为文物收藏机构的同时，更应该成为城市文明的践行者，承担起城市文化中心、教育中心、学术中心、休闲中心和娱乐中心等多项新的职能，只有这样博物馆在城市经济社会发展中的潜能才能得以发挥。博物馆作为现代城市的象征和地标，在提升公众的文化素质和修养的同时，传承和培育着城市的文化内涵，民众对城市的归属感、满意度、亲和力，随着博物馆功能的发挥而得到强化，最终将影响城市的综合实力和竞争力。

我国学者在 21 世纪之初曾经提出"文化就是力量"的命题，也得到了社会各界的高度评价和积极响应。文化是国家和民族的灵魂，集中体现了国家和民族的品格。今天，人们越来越发现博物馆文化所具有的非同寻常的伟大力量，无论是人们把博物馆文化视为人类创造的物质与精神财富，还是把博物馆文化视为人类独特的生活方式，它都为人类社会的发展提供了巨大动力。今天，"博物馆作为文化遗产的保护神、异军突起的教育新天地、高档文化消费的乐园的现代形象已经树立起来，博物馆已经深深地植入现代社会之中。博物馆最大的优势就在于它珍藏着传承文化传统的物证，因此博物馆存在的真正意义是让观众找到个人与社会的文化认同，同时也使本民族的文化得以薪火相传。为了迎接 2009 年国际博物馆日，香港文博界发起了以"全城投入，博物馆动感巡礼"为主题的活动。有关部门专门推出了"动感博物馆"车队，穿梭于港岛、九龙和新界的闹市、游客区和博物馆之间，以提升市民参与博物馆文化活动的兴趣，拉近博物馆与公众的距离。在日本东京的上野，以东京国立博物馆为首的博物馆、美术馆、艺术大学，形成了"上野森林文化圈"，收藏着国宝和重要文化遗产的"优秀作品"。陈梦家先生曾感言，在美国"城市无分大小，其博物院皆为艺术文化之中心"。

博物馆的文化作用不仅仅表现在文物收藏、文物研究和文物陈列上，还表现在引领城市文化、弘扬城市精神、搭建多元文化交流平台等方面。浓郁的城市文化氛围熏陶、浸润着民众，使一代代市民传承着城市的文化基因，也培育着每一位市民对城市文化的眷念。随着城市居民物质生活条件的改善和居住质量的提高，文化需求也日益高涨，他们迫切希望居住环境不再是冷寂的钢筋混凝土建筑群落，而是拥有完善的文化设施、充满温馨的文化氛围、能满足多样文化需求的精神家园。美国 20 世纪著名盲聋哑作家 H. 凯勒（H. Keller）在《假如给我三天光明》中写道："她将用生命中可能获得的仅有的三天光明中之一天，参观博物馆——美国的大都会博物馆和自然历史博物馆。"1999 年，意大利的保罗格纳出现一座"空的博物馆"——犹太博物馆，整个博物馆没有一件藏品，它的兴建必须放在当前意大利的"新多元文化主义"和"反种族主义"的背景下才能被理解，完全成为理念的产物。美国《华盛顿邮报》称：当代美国的博物馆已经成为"新的城市广场"，举办从爵士音乐会到教育研讨的各种活动，没有任何别的场所能像博物馆一样，把各种不同的人聚集到一起。

"以征集、保护、研究、传播并展示出人类及人类环境的物质及非物质文化遗产"为使命的博物馆，是人类文化记忆与传承、创新的重要阵地，是提高人们文化修养的重要场所，发挥着教育、审美、激励、凝聚、娱乐等多种作用。莫斯科市博物馆的社会职能与城市小区关系十分密切，其工作目标已经超出举办各类展览活动和日常接待参观者的定位和限制，转而积极地参与各类城市活动之中。关于城市发展中的社会和道德问题，诸如犯罪、宗派及种族纷争等，都纳入博物馆的展览主题。他们认为"我们的使命核心中有多重主义价值观，例如保护居住环境，拒绝暴力和极端主义，帮助人们适应城市生活，捍卫文化多样性。"博物馆的社会使命，实际上就是帮助人们进行自我表达，在城市小区生活中传播保护文化遗产和保持文化多样性的价值观念。直到 20 世纪初，莫斯科还留存着吹奏口琴这一古老的俄罗斯传统习俗，特别是在城市郊区的工人居住区。但是这一文化传统在近代几乎荡然无存。近年来，莫斯科市博物馆开始收藏古旧口琴，成立了"俄罗斯口琴博物馆"的分馆，开展旨在重新确立口琴演奏技巧的科研项目，并举办了"口琴俄罗斯之魂"音乐节，如今该音乐节已经成为一个广受欢迎的国际性博物馆节。

2001 年，美国的一项"艺术、文化与国家对策"项目研究报告认为，美国文化是美国智慧和创造精神积聚而成的一种资本。这种特殊的资本既是人类成就和历史的宝藏，也是人类创造力和创新精神的源泉。近年来，软实力作为一种重要的国家力量被提到国家战略的高度。一切可以外化为物质力量的实力都是硬实力，包括制造力、运输力、打击力等；可以内化为精神动力的力量，都可以称为软实力，它的柔性特质，较之硬实力来说，比较容易被对手接受，而不易产生激烈的对抗反应。未来世界的竞争不仅仅是政治的竞争、经济的竞争，也将是文化的竞争。文化软实力的发展与文化的竞争已成为 21 世纪最核心的话题之一。博物馆事业的总体规模、管理水平和服务质量往往成为衡量一个国家、一个民族、一个城市文化发达程度的标志。

第四章　社交媒体与博物馆

近几年，社交媒体的发展为博物馆与公众之间的交流协作带来了很多新的改变，当我们参观博物馆时，我们习惯性地拿出手机拍照，并在社交平台上分享我们的体验，这些行为有时会被媒体描述为一种低级的行为。随着社交媒体的发展，博物馆开始转变传统观念，改变博物馆运营方式，与社交媒体合作，为博物馆迎来新的发展空间。

第一节　社交媒体促进博物馆的发展

一、社交媒体的含义

"社交媒体"也称"社交性媒体"或"社会化媒体"，"社交"的概念决定了信息的交流渠道应具备参与性、公开性和互动性的特征。相较于传统媒体，社交媒体在传播内容上更为丰富和多元，信息传播范围更广，内容突破了时空限制，传播速度更快。其进入门槛较低，任何人都能在碎片化的时间内参与传播活动，人人都能参与信息的生产和传递。由于公众掌握了信息生产和传播的主动权，所以参与的积极性和活跃度更高，从而促进了社交媒体的发展。

中国的社交媒体起步较晚，2000年博客的崛起预示着中国互联网Web2.0时代的到来。2009年，新浪微博成立，在此之后腾讯、搜狐等也相继建立微博平台，直到2011年腾讯推出微信后，中国的社交媒体格局才逐渐形成。2019年8月20日，中国互联网络信息中心（CNNIC）发布第42次《中国互联网络发展状况统计报告》，报告显示：截至2018年6月30日，我国网民规模达8.02亿，互联网普及率为57.7%。中国专业的移动互联网商业智能服务平台（QuestMobile）发布的《中国移动互联网2019半年大报告》表明：中国移动互联网月度活跃设备规模触顶11.4亿，用户平均每天花在移动互联网上的时间近6小时。巨大的社交媒体用户体量及社会影响力表明：社交媒体已经作为重要角色，融入了人们的日常生活。

二、当前社交媒体在中国博物馆的实践

结合社交媒体运作成本低、传播范围广、不受时空限制等特点，国内大多数博物馆早已摒弃单一、封闭、说教式的传统传播模式，转而投入多元社交媒体领域。随着移动互联网的发展，越来越多的观众开始使用微博、微信等社交媒体了解博物馆，观众会通过社交平台咨询相关信息、发表参观体验、上传视频照片、提出建议意见和参与问题讨论。

近年来，中国的博物馆积极运用社交媒体展开了一系列传播实践。像微博这样具有极高互动性、灵活性、时效性的社交媒体成为博物馆对外传播的重要媒介。自中国博物馆界"微博元年"2011年以来，国内已有数百家博物馆开通了官方微博。截至2020年5月25日，笔者分别以"博物馆"和"博物院"为关键词，选择"机构认证"的查找条件在微博搜索相关用户，共得到1083个结果。文博机构认证账号的庞大数量表明，博物馆对社交媒体的重要性有了进一步的认识，并开始把微博作为传播的一个重要渠道。根据刘华《新浪微博中的博物馆微博分析》可知，博物馆微博的内容大概可分为通知公告、馆藏推荐、活动开展、馆情资讯、粉丝互动、业界交流等几大类。可见，博物馆的文物、展览、教育活动以及学术活动信息等都可以在同一个平台上获取。再如短视频社交平台抖音APP，2020年年初抖音联合中国国家博物馆、南京博物院等八家博物馆推出"在家云游博物馆"直播活动。截至2月23日9时，该抖音标签

的点击量已达 2676 万次。这足以说明中国博物馆的社交媒体实践已经渗透到了博物馆的各个方面。在贯穿博物馆各项传播活动的同时，社交媒体也在不断整合、发展，如"智慧博物馆"的建设就要求集多种新媒体形式于一体，结合博物馆线上线下，搭建"藏品、人、数据"三者之间的双向多元信息交互通道。在全民抗疫的背景下，社交媒体更是发挥了巨大的作用。据文化和旅游部统计，仅在农历春节期间，中国各地博物馆就推出了 2000 余项网上展览，总浏览量超过 50 亿人次。特殊时期巨大的流量，直接说明公众对于博物馆在线文化资源和服务的需求。

但是，从博物馆的运营现状可知，博物馆社交媒体平台也面临着很多问题。例如，微博信息碎片化的特征导致受众陷入"浅阅读"的障碍，缺少对一件事情的深入思考和持续关注，影响了博物馆的传播效果。而另一社交巨头微信平台在经历订阅号消息列表改版之后，对博物馆微信公众号的质量以及用户的忠诚度要求更高，传播的局限性也更大。同时，博物馆社交媒体的传播效果出现断崖式分层。如在微博上，粉丝数量超过百万的博物馆"大 V"屈指可数，像故宫博物院、中国国家博物馆这类不仅粉丝众多，且在微博上转发、评论量领先的博物馆鲜有存在，更多博物馆"热门"版块微博的转发或评论数仅在一百左右。对于很多博物馆而言，开通官方微博和微信公众号是一种跟风行为，是在博物馆社交媒体热大环境下的仓促跟进，在没有人力与物力支撑的情况下很快就出现了用户响应少、参与度低等问题。所以，在新形势下整合社交媒体资源，调整传播模式实现最佳的传播效果成为博物馆传播工作必须考虑的问题。

三、社交媒体时代博物馆传播模式

博物馆传播作为社会文化传播，在传播模式上与大众传播的模式相似，这点在 20 世纪 60 年代就得到了学者们的共识。但由于博物馆有其独特的专业性，它与一般的信息传播最大的区别在于：基于博物馆藏品的传播内容，其传播模式也有一定程度的变化。

在社交媒体的背景下，作为一类社会文化交流传播的集散地，博物馆在传播活动中需要考查自身的社会传播效果，因为社交媒体不只是博物馆一方传播信息的工具，观众在接收博物馆产生的信息后也会不断产生各种影响博物馆的信息。因此，博物馆传播的社会性前所未有地被凸显，在这样的环境下研究博物馆传播模式，势必是要将其放置在整个社会大系统中，探求传播过程中各个要素之间的相互关系以及互动作用。

大众传播的多向互动模式就是从宏观的视角来研究社会传播过程的系统结构。其中马莱兹克传播模式将社会系统与传播系统中各因素及其关系细化，在各种社会作用力相互作用的环境中，对可能对传播各环节构成影响的因素进行考察。在社交媒体普及运用的环境下，博物馆的传播模式较为接近马莱兹克的传播模式，但在传播实践上博物馆传播又有其自身的特点：首先，从博物馆方面来看，一方面，实物及陈列展览在博物馆传播中的地位依然重要，但对观众互动性和参与性的要求也有所提高。另一方面，依托社交媒体，博物馆突破了传统传播活动的时空限制，不论何时何地，公众都能在社交媒体平台上获取丰富的博物馆信息；其次，从博物馆观众的角度而言，社交媒体为观众提供了多种博物馆信息的获取途径，也打破了博物馆与观众之间互动与反馈渠道单一化的局限；最后，由于博物馆、观众、陈列、媒介等要素长期处于变动的传播环境中，因此自身会不同程度地受到影响，博物馆传播应被看作是一个多向动态的博物馆传播过程。笔者以马莱兹克大众传播模式为范本，结合博物馆传播的特点，总结出的博物馆传播多向互动的理想模式。

作为传播者的博物馆受其自身定位、陈列展览、管理政策、传播目的、传播效果等影响，对于藏品信息进行解读和再加工，通过集互动、社交、教育和审美等多功能于一体的媒介平台，特别是社交媒体平台传递给观众。在此需要说明的是，媒介平台既包括博物馆传统的展览陈列、社交媒体，也包含归列在"其他"类别中的社教活动、学术活动、官方网站、数字博物馆、第三方媒体平台等。根据信息内容的性质不一，不同媒介平台有着较为明显的分工，尤其是社交平台担负着及时接受观众反馈与互动的作用。作为信息接收者，受信息的渠道、目的以及受教育程度和理解能力等因素的限制，观众对于信息的接收和反馈都是不同的。不同的观众群体在接收信息后也会产生不同的社会效果，这又会对其他观众和博物馆的传播策略产生相互影响。

"博物馆传播多向互动模式"将社会环境及各种社会关系对博物馆传播的影响考虑在内，尤其是引入社交媒体概念，凸显了博物馆与观众互动的重要性。

该模式使博物馆在保持自身传播特点的同时，通过多重互动机制发挥观众的主观能动性，实现博物馆与观众之间的不限时空的平等交流和互动。同时，该模式的反馈机制能在观众与博物馆传播者之间建立多条及时、畅通的反馈渠道，让博物馆传播者便捷地获取观众意见，把握社会传播效果，从而进一步提高服务品质。当然，这种理想的"博物馆传播多向互动模式"在实践运用中也会存在一些问题，如博物馆信息传播安全问题；上文提到的博物馆方设备、人员财物支撑问题；社交媒体的使用对受众在技术、设备、经济成本和文化水平上的要求问题；等等。特别是博物馆正处于数字文化资源开放的大背景之下，广大公众对"云展览""云游博物馆"等传播活动有前所未有的关注，而线上观展体验较差、在线教育活动经验不足、数据资源开放不充分等情况也切实摆在各个博物馆面前。

四、社交媒体与博物馆的良性运转措施

（一）加强制度建设，推动内部体制改革制度建设是信息传播的保障

传统的信息传播以真实为准绳，受国家法律的约束、保护，但专门规范博物馆数字文化资源开放的法规或专业标准我国还尚未颁布。2015 年施行的《博物馆条例》指明博物馆应运用现代信息技术开展活动、参与文化建设，这为当代博物馆信息传播制度建设提供了依据。各博物馆应在深入调研的基础上，按照真实、准确的原则，将加强博物馆信息传播写入馆内章程，确保"博物馆传播多向互动模式"的实践有制度可依。

（二）加强硬件支持，持续人力投入

观察该模式会发现，社交媒体的概念非常重要，它承担了与观众即时互动的责任，但它在博物馆传播活动中并不能单独运行，需要和其他媒介融合。一方面，需要博物馆方的高度关注和及时回应；另一方面，也对博物馆信息承载设备、网络安全条件等硬件方面提出了相应要求。因此，要保持社交媒体持续活力、畅通，博物馆与观众沟通的渠道就需要博物馆在人力、物力方面的持续投入。

（三）明确传播目标，调整传播方式

按照该模式的运转过程，在传播活动的开始阶段，博物馆方就需要明确传

播目标，也就是达成怎样的传播效果。围绕这一目标来把关媒介特别是社交媒体的传播内容，在保证信息真实的前提下优化信息传播方式，如采用亲民、幽默的风格吸引大众关注。同时，博物馆方也要关注信息传递后受众的反应以及产生的社会效果，及时调整传播内容和方式。

（四）合理利用资源，打破内部壁垒

由于该模式是一个循环模式，要保证它的良性循环还需要博物馆方降低传播成本，提高传播效率。一方面，要合理使用博物馆现有的媒介资源，将有限的博物馆文物藏品、研究成果多角度、最大化利用；另一方面，要打通博物馆研究、陈展、宣教等各职能部门之间的障碍，形成合力，为博物馆传播者提供足够且优质的信息。

当代博物馆的发展趋势需要不断反思自身与公众、与社会的关系，直面社会问题，重塑新时代博物馆的功能与价值，变革博物馆运营管理的思维与方式。"博物馆传播多向互动模式"就是在这样的背景下诞生的，它为博物馆与观众的交流创造了更多条件，削减了博物馆与观众之间的隔阂。更重要的是，该模式对于"互动"的强调，促进博物馆与不同的社会共同体展开对话并提高服务质量。同时，通过该模式的良性运营，可以构建多条博物馆与观众相互了解的渠道。

不可否认的是，其中也存在着一些问题，媒介特别是社交媒体处在飞速发展变化的过程中，新的媒介或技术随时可能产生。这要求"博物馆传播多向互动模式"应不断地完善自身，特别是当我们在研究、运行该模式时，需要运用互联网思维融合创新，将其放置于整个时代变迁中去，以便适应新时代博物馆行业的发展。

第二节　社交媒体在博物馆中的应用案例

社交媒体一般是指人们之间用来分享和传播彼此的意见、经验、观点和信息的工具或平台，在互联网中，人们以各种软件或平台作为社交媒介，以文字或者图像为表达方式，在互联网中表达观点、传递信息。自社交媒体出现以来，社交媒体作为现实生活的延伸，参与人数多、传播快，且发展非常迅猛。中国的社交媒体发展先后经历了早期的网络论坛、休闲娱乐、微信息和垂直社交网络应用四个主要时代。

目前，我国社交媒体在博物馆中的应用主要是微信息社交网络，如微博、微信等，短视频、直播类的视频社交。2020 年，我国网民规模已经达到 9.89 亿，社交网站覆盖率超过 50%，而 2018 年微博和微信的第一季财报数据则显示，微博和微信（含 WeChat）的月活跃用户分别已经达到 5.50 亿和 12.025 亿。手机、微信息传播对传统的信息传播模式和形态带来了冲击和改变，改变了人们的行为习惯和思维方式，也促进了人与机构之间的交流和互动，日益成为影响机构或企业发展的重要因素。

在目前多元文化发展和人们文化需求差异化更加明显的背景下，博物馆要想获得持续长久的发展，必然要建立在不断满足观众持续增长且口味越来越"挑剔"的文化需求之上。博物馆越来越需要且想要拉近与观众的距离，并不断借助新的传播技术和方式来实现这一诉求。早在十年前，皮尤研究中心发布了一份"新媒体与博物馆观众参与"报告，报告表明在美国 1224 个享受国家艺术基金会补助的艺术机构中，几乎所有的机构都在社交媒体平台上建有主页，他们中的大部分每天会更新自己的网页内容，而他们的员工大多数也会以机构成员的身份开通个人的社交媒体账号，从多个方面实现博物馆在社交媒体上的信息覆盖，网络与社交媒体现已渗透到博物馆的策展、展览、教育、慈善活动等方方面面，成为美国艺术领域不可或缺的组成部分。

2011 年是我国博物馆界的"微博元年"，社交媒体越来越频繁地出现在我国的博物馆领域内，以其强大的互动性、参与性和即时性吸引着博物馆和观众的目光。迄今为止，在微博上认证的博物馆（院）、纪念馆共有 1300 余家（2021年 3 月数据），占博物馆总数 5481（2018 年国家文物局公布数据）的 20% 之多。越来越多的博物馆开通微博和微信平台，发布实物和展览信息，分享馆内资源。同时，越来越多的公众也使用社交媒体了解博物馆的相关信息，发表参观体验或上传照片，与大家分享讨论。对以博物馆为代表的文化传播、公众服务机构而言，社交媒体的广泛应用，使公众之间、博物馆之间、公众与博物馆之间实时互动交流成为可能和现实，很大程度上带来了从公众理解博物馆、到公众参与博物馆的"参与互动式文化传播模式"的转变。随着社交媒体（如微博，微信，评论网站）的兴起，人们逐渐热衷于通过这些渠道分享其博物馆体验的个人感受；并且，据调查，越来越多的观众尤其是潜在观众使用社交媒体作为他们参观与否的参考依据。社交媒体不仅成为沟通观众和博物馆的重要桥梁，同时也为博物馆积累了丰富的观众研究资料。博物馆通过分析这些用户的背景，了解他们对于博物馆的认知以及参观后对博物馆的认同及看法，更好地评估自身工作，并为今后工作的开展提供参考。另外，博物馆也能从中了解那些潜在观众或者较少参观博物馆的观众不常到博物馆的原因，增进博物馆与潜在观众的关系，达到观众开发的目的。

一、应用案例

目前国外已有博物馆利用社交媒体进行观众研究，下面介绍两个案例。

2013 年 11 月，新西兰怀卡托大学的坎宁安（Cunningham）发表论文《通过对 Flickr 进行数据挖掘为博物馆提供反馈：卡塔尔伊斯兰艺术博物馆案例研究》。研究者在 Flickr 网站上选择了 500 张有"卡塔尔伊斯兰博物馆"标签的照片样本，然后按照照片内容归属于博物馆本身还是藏品进行手工分类。对于每种类别的照片，进一步下载和分析摄影师的元数据，并获取其他 Flickr 用户的评论和点赞的次数，对藏品的照片进一步按类型（如陶瓷、挂毯等）的特点分组。研究结果为工作人员更深入地研究伊斯兰艺术博物馆观众体验，提供了重要的参考。为了方便博物馆工作人员的操作，研究者们还专为博物馆开发了一个"控制面板"的软件原型，使博物馆的工作人员轻松快捷地通过 Flickr APP 来自动完成下载博物馆和藏品照片的元数据，包括评论数、点赞数等。这些数据自动显示在 Excel 电子表格中，博物馆工作人员利用这些数据，并结合藏品图片信息进行分析。这种方式有效地帮助博物馆工作人员从观众的角度更好地了解博物馆工作。

2013 年 5 月，瑞典哥德堡大学的魏伦曼（Weilenmann）和希尔曼（Hillman）等人发表论文《博物馆中的 Instagram：通过社交网络上的照片分享来交流博物馆参观体验》。Instagram（照片墙），是一款非常流行的照片分享应用，本文研究了博物馆观众是如何利用这款应用来与他人分享、交流在参观自然历史博物馆的各种体验。文章共分析了 222 个在博物馆中创建的 instagram，并采访了 14 位创建这些 instagram 的观众，进一步了解了观众眼里的博物馆形象。

文章还深度探讨了如何更好地在社交网络和博物馆之间建立有效沟通，让观众的博物馆体验之旅更加满意。

以上成功案例中所采用的方法，为我国博物馆观众研究提供了参考，若想较好地让社交媒体在博物馆中应用，需要注意的是：

（一）借助社交网络，建立用户与博物馆资源间的联系枢纽

目前我国有近四分之一的博物馆在微信、微博等社交平台上建有本馆的账号，用来发布文物信息、展览信息、教育活动及学术活动信息等。观众通过这些渠道获取自己所需要的信息，如开放时间、门票、交通、电话、展览、讲座等信息，也可以根据自己的喜好搜寻或在线参观博物馆。2011年广东省博物馆推出了国内首家的"微信导览"服务，将微信功能与博物馆自身业务相结合，用手机添加"广东省博物馆"的官方微信账号后，就能看到相关展览的导览平台。按照指引发送编号，就可以获取展厅内对应藏品的介绍信息，总共包括37段微信语音、24张藏品图片和2段展览视频。

（二）建立以社交媒体为渠道的博物馆营销

在信息与网络技术的冲击下，博物馆自身定位与未来服务都在走向全面的革新，博物馆的中心观念开始从"物"到"人"，社交媒体的迅猛发展和广泛应用，也在社交媒体上为博物馆宣传和用户经营提供了便捷的渠道。当下我国各大博物馆也在积极探索如何利用社交媒体来推广、营销博物馆，构建自己的粉丝团体，在公众的时间线上占有一席之地。无论是故宫博物院的"卖萌"文创产品，还是三星堆博物馆在微博上自称"堆堆"，都是在努力地与用户建立平等友好的互动，从而吸引粉丝。

博物馆及时发布各项活动信息，积极关注新媒体上公众对博物馆的各方面需求信息，利用博物馆工作者对文物、特色文化、展览等博物馆核心内容的把握，帮助人们了解博物馆业务，或者将博物馆自身的资源和相关主题活动结合起来开展以兴趣为主导的博物馆线下传播活动，让人们与博物馆工作者在网络交流之外，也有面对面直接交流的机会，加强人们情感纽带，扩大自己的铁杆粉丝团体。把每一个粉丝都当成潜在营销对象，通过内容更新、粉丝互动等方式，传播博物馆信息、历史文化知识，让人们喜爱博物馆，走进博物馆，进而信任、支持博物馆，最终达到知识传播和促进博物馆发展的目的。

（三）结合传统媒体与社交媒体，提高博物馆服务品质

在博物馆的传统传播模式中，博物馆一般将实物或陈列展览作为仅有的传播媒介，即使借用大众传播媒介或开展教育拓展活动作为宣传辅助，活动效果也会因时间和空间上难以突破而有所局限。社交媒体的引入可以使公众随时随地地从博物馆的相关平台上获取相对丰富的信息。

一方面，博物馆引入了社交媒体，突破了博物馆传统传播活动的时空限制，用丰富的信息传播形式，形成博物馆与观众之间信息相互交流的"互动传播"。如 2017 年洛阳博物馆就开展了一场特别的"展览"，对举办的"谁·调清管·度新声——'丝绸之路音乐文物展'"进行了网络直播，6000 多名互联网用户通过手机直播，聆听悠扬的古琴声，欣赏这些难得一见的音乐文物，了解丝绸之路上从新石器时代到唐代音乐文化的交流、发展与演变，也在直播平台上实时参与对这场"展览"的评论互动与推广。

另一方面，社会媒体的引入也增加了观众对博物馆反馈的渠道，有助于博物馆建立起自身最优的传播模式。在传统上，观众实地参观博物馆的过程中，与博物馆讲解人员、博物馆内实物或展览等传统传播媒介形成互动，通过讲解员或者留言簿将自己的意见反馈给博物馆，博物馆将这些反馈信息整理后，根据自身情况再优化服务内容和质量。借助社交媒体，观众在离开博物馆后依然可以在社交媒体上与博物馆人员或者其他观众进行互动交流，最大限度地发挥自己的主动性，博物馆与观众之间多元的沟通渠道也会进一步地促进博物馆完善自身的反馈机制，广泛地获取和吸收观众信息，有助于提高博物馆传播活动的有序性和有效性，从而进一步改善自身的服务品质。

（四）拓宽公众参与博物馆管理渠道，吸纳社会资源发展博物馆

当代博物馆实现其组织目标的一项重要条件便是公众的关注，公众既是博物馆服务产品的享受者、欣赏者，也是博物馆工作的支持者和保护者。在国外，已有博物馆将公众视为"市民策展人"，比如在进行博物馆自己的主题展览时，鼓励民众参与互动，在公开平台上发表与主题展览相关的作品。我国博物馆目前多以博物馆志愿者、博物馆之友的形式让公众介入到博物馆事务中来。博物馆通过传统途径与社交媒体和公众交流沟通，寻求共同的目标，将社会发展、公众诉求与博物馆特质结合起来，构建公众参与的博物馆环境。如举办博物馆

之友开放日、博物馆之友专项活动，与不同的群体进行直接交流，博物馆将一些程序性、规范性和技术性的工作信息告知公众，让公众在博物馆环境中增进对博物馆的了解。通过多种社会组织形式，使处于博物馆之外的如资金、智慧等资源转化为博物馆的可持续发展资源。

二、社交媒体给博物馆发展带来的启示和思考

（一）建立以公众参与和互动为主的信息传播机制

在网络时代，博物馆应努力扩大自身的外延，吸引那些无法上门参观的潜在观众群。在深度了解自身资源优势的基础上，充分了解不同社交网络平台的用户群体、特性，紧跟技术的发展，搭载各种移动技术平台，有针对性地在不同的平台建立不同的兴趣群体，开展相关活动，使博物馆资源和服务也能无处不在。

（二）挖掘自身优势资源，激发公众博物馆责任

馆藏资源是博物馆开展一切活动和服务的根本，高新的技术如果没有充实的内容做支撑也只会是昙花一现。博物馆可以在社交媒体上关注普通观众有关博物馆的言论和诉求，收集真实的事实信息，坦诚地回应质疑，开拓由用户驱动、关联和协同的资源建设新模式，打造自身成为集知识性、人文性、趣味性于一体的知识体系，同时可以激发社会责任，引导公众参与博物馆的发展，发挥公共监督作用，建立多元化的服务模式。

（三）积极应对资源投入问题

尽管目前社交媒体的很多服务和功能都是免费的，但博物馆要将其充分运用起来，并不是一件容易的事情。对于博物馆而言，不推行社交媒体也不会影响其目前的运营状态，而使用则意味着更多的投入和风险。

在社交媒体时代，公众不仅在意是否从博物馆获取信息，更在意自己付出的行动是否得到了反馈。为了确保博物馆在社交媒体上发布内容的真实性、合法性、权威性，并对公众的诉求进行及时恰当地回应，对一些不实流言及时澄清或阻止，这些都需要投入大量的人力、时间和金钱。目前博物馆普遍面临经费紧张、人手有限等困境，及时吸纳对博物馆工作感兴趣且有一定专业知识的志愿者十分必要，设立专人负责在线社区用户的服务和工作，或者对社交媒体

管理者给予合理授权，在馆内专业人士的帮助下运营本馆的社交媒体平台，充分发挥社交媒体操作灵活对场地要求不高的运营特点，降低日常管理难度，减少人员、资金等方面的投入。

（四）促进馆际间的良好竞争与合作

我国的博物馆从 10 年前的 2000 多个发展到现在的 5000 多个，并继续以每年 100 个左右的建馆速度稳步增长。如何吸引公众，成为摆在博物馆面前的难题。有的博物馆通过在各大社交平台的频繁"刷脸"完成"营销指标"，有的博物馆希望通过抽奖方式提高观众的参与度，但这种忽略与公众沟通目的的做法显然不能形成良好的社会效果，甚至会引起大家的反感。社交媒体使各馆的竞争更加激烈的同时，也给博物馆带来了更多合作的可能性。

2017 年国家文物局在政府网站公开 346.13 万件（合 235.43 万件／套）全国博物馆馆藏文物信息，国家文物局正逐步建立国家文物资源总目录和数据资源库，实现跨地域、跨系统、跨部门资源共享，利用社交媒体可以不受时间和地域的限制，为实现线上藏品及展览的共享互惠提供了可能和保障。

（五）正确发挥博物馆价值，防止过度娱乐

毋庸置疑，社交媒体的应用对博物馆吸引新公众、丰富博物馆体验、推广博物馆研究成果、形成良好传播环境、扩大博物馆开放空间等方面都产生了重要影响，观众在欣赏展览时也会自发地进行搜索查询、考证以及与友邻的互动等，为自身对博物馆信息的获取与消化理解带来了很多帮助，越来越多的博物馆投身于社交媒体。但我国目前主流的社交媒体、经营模式都是通过销售广告而获得收入，由于所有的广告商都希望得到好的反馈信息，"点赞"是被鼓励的，而"不喜欢"按键根本不存在。在"短平快"的社交媒体大环境下，探讨变得简短而稀少，深度讨论也成了不可能的任务。同时，如今社交媒体形式多样，除了已有的微博、微信等平台，大量的短视频平台、直播平台也受到越来越多的关注和欢迎。

视频的直观性和即时性让不在现场的人也能通过网络平台参与博物馆内现有的一切，让深藏在博物馆中的文物"活起来"。文物是不可再生的宝贵资源，拍摄、直播时使用的灯光、无人机、自拍杆等工具，都有可能成为对文物产生危害的潜在因素。利用社交媒体将博物馆和自身的运作开放给公众，传递文物的历史、艺术、科学价值和文物保护的正确理念，而不是作为炒作工具。为了提高关注度，应避免过度娱乐化、贬低博物馆空间的专业性知识，避免对博物馆的社会形象和公信力造成损害。

第五章　移动应用与博物馆

在研究博物馆移动终端应用的运用效果之前，我们首先需要了解博物馆移动终端应用的含义与特征。但是作为一个新型事物，目前学界对其研究比较少，甚至在相关文献中，并没有一个统一的称谓。笔者总结现有的文献资料，对博物馆移动终端应用的含义与特征做一个详尽的总结，以帮助研究学者对此进行初步了解。

由于博物馆移动终端应用的发展时间不长，对其研究也不是很多，因此在相关文献中，没有一个统一的称谓也就不足为奇。笔者根据国内国外的文献，罗列出以下关于博物馆移动终端应用的定义和说明。

国内也有移动博物馆的提法，中国财税博物馆的黄胜达强调手机的可移动性技术，他认为使用者通过手机、平板电脑，甚至移动手表等移动终端和移动通信网络实现博物馆的移动性就是移动博物馆。浙江博物馆和四川博物馆等一些博物馆为其取名为"掌上博物馆"。在突出手机移动性的同时，强调位置定位功能。即以智能手机、平板电脑为载体，以移动流量、WIFI 无线网络为依托，以 GPS 技术和二维识别码技术为基础，针对博物馆展览而开发的数字博物馆系统，是展览展示和引导兼备的博物馆展览创新手段。

孙晓晔称之为智能手机博物馆导览应用软件，强调它是安装在智能手机，并具有导览服务功能的软件。这类软件主要用于博物馆的环境引导、展览内容信息推荐、服务体验、网络互动等。

结合以上各个概念，笔者认为移动性和应用性是移动终端类博物馆的最大特点，因此将此类博物馆命名为博物馆移动终端应用软件，即以移动终端为传播载体，随时随地接收、发布博物馆相关信息，并结合导览、互动、商城、体验等功能于一体的应用系统。

第一节　移动应用促进博物馆的发展

与传统博物馆的信息传播相比，博物馆移动终端应用具有很多特殊性。首先，信息传播方式不同，即发现信息的过程不一样：在传统博物馆信息传播中，以实物展示为主，受众被动接受信息；而移动终端应用的博物馆中，信息是以图片、视频、音频等数字化形式将文物的信息以立体的形式，全方位、多角度地展示在受众面前，受众可以主动根据自己的喜好搜寻信息。其次传播的信息更加全面，即认识信息的过程不一样：传统博物馆由于文物的珍贵性和稀缺性，文物展示受到很多的限制，例如时间、空间、光线、温度、湿度等因素。而且受展示厅的空间限制，展示的文物信息也是残缺、不全面的。博物馆移动终端应用很好地解决了这个问题。手机式数字博物馆赋予文物放大、解构、配比等多项功能，让观众可以更加清楚地看清文物的纹理、笔触、雕刻等细节。再加上文字、图像、音频、视频的解说，文物的历史感和厚重感扑面而来。博物馆移动终端应用还可以以数字化的方式，再现文物的历史情境，增加博物馆与观众的互动性，拉近与观众之间的距离。最后，转发与评论可以加深人际关系的社会网络，也可以促成信息的二次传播，扩大信息的影响力。总而言之，移动终端应用的博物馆历经发现信息—认识信息—分享信息的过程，对信息的传播而言更具有针对性和影响性。

与国外相比，国内的博物馆移动终端技术还处于初级阶段。国外对博物馆移动终端的使用已经转为如何贴近"人"，方便"人"的基础上，为用户创造全新的体验；而我国的博物馆移动终端应用的使用还处于模仿与试用的阶段。

最初运用移动终端技术的博物馆是中国国家博物馆。2007 年由中国国家博物馆授权开发的手机移动博物馆进入试运行阶段，2011 年 7 月，中国第一个面向观众的基于智能手机的博物馆移动终端应用软件正式推出，该软件名为"文博任我行"。随后同年 11 月，中国国家博物馆又推出"文博任我行"的英文版，试将中国博物馆推向全世界。

截止 2021 年，"文博任我行"已经推出了 500 余件展品信息。"文博任我行"是基于智能手机和 ipad、ipodtouch 等移动终端，适合于 IOS 系统和 Android 系统的一款软件。连接 Wi-Fi 或者数据流量等移动数据通信服务进入互联网平台，就可以登录博物馆的移动终端应用软件，当然前提是先下载博物馆移动终端应用软件在手机上。通过浏览软件，选取自己感兴趣的板块获取所需的信息。"文博任我行"软件的板块包括：点播导览、展厅导览、场馆导览、线路推荐、国博商城、我的收藏、精彩回顾、版权声明、观众体验区、我的资料、我的订阅、我要支付、票务预约、文博信息、语言变更等 18 个板块。"文博任我行"是我国第一个博物馆移动终端应用软件，开拓了我国博物馆发展的新思路。其开发之初是为了方便观众在参观博物馆的时候可以更好地了解博物馆内的文物信息，因此初期偏重导览技术。随着移动技术的发展，博物馆移动终端应用也越来越靠近观众，取悦观众，方便观众，例如增加定位系统、互动、体验、商城等，帮助观众以更好更快的方式获取信息，使观众更乐意走进博物馆。从某种意义上来说，移动应用促进了博物馆的发展。

一、博物馆移动应用的特征研究

博物馆类 APP 的主要功能是在展示方面扩展实体展馆不容易做到的事情。通过 APP 中设计的栏目，让用户参与到与博物馆的互动中来。博物馆类移动应用具有很多优点。

（1）交互性

博物馆 APP 通过设计相关栏目，将展品以图片或三维模型的方式展出，并且配以详细的文字、声音、视频介绍，体验到实体展馆不容易实现的参观感受。并可加强娱乐体验感，APP 运用虚拟现实与增强现实技术，结合依照相关展品所开发出的游戏，提升用户使用兴趣，加强体验感受。

（2）自主性

相较于游览实体博物馆只能按照博物馆陈列方式观赏展品，比较被动且具有局限性，但是借助 APP，用户可以自主选择自己想看的展品。通过移动互联网平台，用户不再受到时间、空间等条件的影响，打开 APP 就可以畅游世界各大博物馆，浏览里面的展品，节约成本。

（3）传播性

博物馆内相关展品建立电子档案，进行数字可视化编辑，通过 APP 这一移动互联网平台可以迅速将相关信息向世界各地传播，文化信息传播的速度与宽度是实体馆所不能比拟的。

二、国外博物馆移动应用的发展现状和趋势

随着互联网时代的快速到来，世界各大博物馆开始走向数字化转型的道路。方式有很多种，例如搭建官方网站，开发移动应用，增加虚拟数字博物馆等。例如著名的世界博物馆法国卢浮宫，其为了使用户更好地参观博物馆，开发一款移动应用名为《Le Louver Museum》。此应用中的功能非常实用，完全是根据用户痛点所设计的。例如用户在馆内参观时会遇到的问题，如不知道自己所处位置和找不到想要参观的展品的位置等等。那么用户就可通过移动应用中的导航系统进行定位，了解现在所处位置，并根据虚拟地图快速找到展品位置。

大英博物馆是世界上最古老、规模最宏伟、展品最全面的博物馆。它推出了《The British Museum Guide》APP。应用中有一个非常实用的功能，就是用户可以在此应用中对自己的游览路线进行自主规划，使用户轻松主宰自己的参观浏览过程。

以上是几款国外具有代表性的移动应用，可协助游客快速规划自己的游览路线，明确浏览目标，使用户轻松高效地浏览博物馆，在博物馆中进行自由式的探索。

三、国内博物馆移动应用的发展现状和趋势

国内博物馆 APP 主要分为两种形式，一种是综合类博物馆 APP，另一种是专题类博物馆 APP。综合类博物馆 APP 主要包括《陕西历史博物馆》《武汉博物馆》和《苏州博物馆》。这类 APP 都是根据自身博物馆展品特点进行整体设计，内容主要包含精品展品展示、地图导览、博物馆全景展示、语音讲解等功能。这类 APP 在设计上比较简单，主要强调 APP 使用功能，可玩性不高。专题类博物馆主要关注故宫博物院制作的 APP，如《故宫陶瓷馆》《胤禛美人图》《皇帝的一天》《韩熙载夜宴图》等。此类 APP 针对故宫众多展品中的一类进行开发，界面设计精美，细节刻画十分出众，交互体验舒适、完善，完美展现了展品的风貌，体现出故宫博物院强大的文化底蕴，让用户感受到"故宫出品，必属精品"。《故宫陶瓷馆》APP，将故宫陶瓷馆中最为精美的几件瓷器通过三维动效的展示形式设计出来，用户通过手势控制改变展品大小、方位，让用户能够清楚细致地观赏展品。

《韩熙载夜宴图》，此作品表达形式是通过原画作画面呈现出的信息，还原出当时发生的事件。将一张图分成五个部分：听乐、观舞、暂歇、清吹以及散宴，用晚宴时间先后顺序还原当时情景。在原作得到最大程度保留的情况下，合理运用交互手段，让用户有如画作之中。用户通过触摸图中的乐师和舞女达到奏乐、跳舞的效果，让用户拥有更直观的视听体验。

由于国内移动互联网技术的快速发展，许多博物馆出于各种目的，利用移动互联网平台创建了越来越多的博物馆 APP，但大多数 APP 制作水平较差，视觉设计风格落后，功能模块缺乏创新，像类似故宫博物院出品的 APP 少之又少。国内博物馆类 APP 的设计有待提高。不同场馆 APP 侧重点各有不同，有侧重展品展示的，有侧重社交互动的，有侧重预约购票和产品销售的。一个场馆只使用一个移动应用比较常见。例如湖南省博物馆 APP 首页在醒目的位置提供参观指南、票务预订、活动预约、展览资讯等观众最常用功能；在服务模块里除了首页列出的几项外，还有购物、建议、调查问卷等其他功能；导览模块按照楼层有展品分布，点击后提供详细的介绍；教育板块中的教育活动、学习单、互动游戏目前都在建设中还未上线，但可以看出该馆对场馆的科普学习功能和与观众的互动功能的关注；个人板块有参观轨迹、预约、收藏、消息等内容，需要手机号注册登录或者第三方账号登录。

但在功能过多有可能导致用户迷失的情形下，故宫博物院另辟蹊径，细分用户需求，提供一种新的思路，通过开发虚拟漫游的线上展厅《故宫展览》、每日文物介绍分享的《每日故宫》和专题介绍《故宫陶瓷馆》等系列 APP，避免了同一 APP 结构复杂影响用户使用体验，观众可以根据需要选择下载。存在的问题是观众因为不清楚到底有几种相关 APP，容易遗漏。

博物馆是一个进行社会教育的重要平台，在移动互联技术高速发展的今天，采用该项新技术来推动文化科学服务，将深化场馆的信息化和智能化维度，为场馆带来新的机遇。移动端的"掌上展馆"使观众与场馆的纽带更加紧密，公众的交互式体验提升，从而引发观众浓厚的学习热情，给观众带来知识的熏陶和美的感受，同时也给场馆和设计师带来新的研究内容和挑战。观众在与新媒体互动的过程中主动参与学习，是博物馆所希望的。我国文化博物馆资源丰富，博物馆众多，衡量一个博物馆的标准，不仅要看其馆藏数量的丰富，还要看其在多大程度上融入人们的生活。博物馆利用新媒体，结合自身独特的文化和资源优势，用自己的专业呈现有意义、有深度的展览，加强展览互动性，提升公众兴趣，任重而道远。

第二节　移动应用在博物馆中的应用案例与思考

一、应用案例

（一）以四川博物馆为例

四川博物院坐落在四川省成都市，是一座具有地方特色的综合大型博物馆，也是西南地区规模最大的博物馆，拥有馆藏文物逾 26 万件，其中国家珍贵文物 10 万余件，藏品数量在中国各类博物馆中位居第六，具有丰富的文化资源和历史沉淀。

四川博物院在 2012 年推出了掌上博物馆，它是一款基于移动互联网的手机应用软件。四川博物馆内所有的文物都贴上相应的二维码标签，"掌上博物馆"通过扫描二维码标签，可以获取对应文物的信息，包括文字、图片、音频、视频等形式的信息。另外，通过掌上博物馆还可以获取博物馆的动态新闻和展览信息，让观众随时随地都可以获取博物馆的相关信息，及时参与博物馆的展览活动。四川博物馆的"掌上博物馆"是中国西部地区第一家与移动终端合作开发的应用软件，有效地推进了博物馆事业的发展，促进文化产业与移动互联网的结合。

除此之外，博物馆还利用 VR 技术，将一些展品的讲解融于其中，使参观者在观看的同时了解展品背后的文化故事，起到了文化传递的作用，通过种种手段让人们能够更加"浸入式"地体验文物背后的文化与故事。对于一些距离较远、出行不便的人群来说，虚拟展馆则拓宽了他们的观展方式，不仅仅做到了虚拟展馆，更是将一些景点融入其中，比如"数字故宫"的开发，就满足了人们在家也能逛故宫、赏文物的需求。这次疫情其实进一步催化了传统博物馆与互联网和媒体技术的深度融合，科技为博物馆带来的便利和创新也意味着博物馆将面对更广泛的观众群体，迎接更大的挑战。尽管还存在许多局限性，但在未来以藏品和空间为核心的博物馆或许以此为契机，对更广阔的定义与功能发起探索，呈现更加多元和包容的姿态。

（二）以重庆中国三峡博物馆为例

重庆中国三峡博物馆的"重博 AR"是一款微信小程序，运用增强现实技术将馆藏经典文物数字模型融入真实环境。除了对文物进行大小缩放与调整，用户可以和文物简单互动如点油灯、展开画卷轴等。另外，用户可以邀请朋友互相拍照，根据用户拍照的不同姿势识别匹配相似度较高的文物。通过这种新鲜有趣的玩法，增添文物的生活气息，也提高了用户的参与积极性。

二、移动应用在博物馆中应用案例的思考

（一）以四川博物馆为例

掌上博物馆一共包括五大部分，即新闻、展览、藏馆、互动和商城。新闻板块主要是罗列四川博物馆线上写下的活动；展览板块是列举最近在四川博物院中的展览展出，以供观众传阅；藏馆板块借助了定位系统，将整个博物馆分为四大板块，手指触摸哪个板块，会出现相应板块的藏馆名称和藏馆位置，以及在藏馆中的文物信息；最值得笔者关注的互动板块则由于更新问题，只有两条的回复，笔者试图登录系统，在互动版块中进行回复，却仍然看不到笔者刚刚发出的信息，虽然互动版块引人注目，当时技术的滞后性和不能及时更新，导致互动版块一直是绣花稻草，没有发挥与受众互动，反馈信息的功能；最后商城板块罗列出四川博物馆内可以售卖的文物或者纪念品，虽然意图是想通过 APP 的方式获取商机，但是根据笔者的调查得知，商城内没有完成一笔交易，具体原因需要我们去探寻。因此，打开"掌上博物馆"APP，笔者的直观印象是信息少、更新不及时、整个页面的设计简单粗暴等等，这些问题都需要我们去解决完善。

（二）以重庆中国三峡博物馆为例

经调研发现，绝大部分博物馆设计开发 AR 应用时都将文物数字模型展示放在首位，此举有利有弊，开发平台和技术水平会直接影响用户体验质量。一些博物馆在技术水平并不成熟的情况下追逐潮流开发 AR 应用，数字信息看似叠加在物理环境中，但实际上并不是严格意义上的增强现实体验。仅仅将虚拟对象的图像或视频贴在摄像机前，虚拟对象随摄像机的移动而移动，始终保持在固定位置，这一技术只能算是初级 AR，无法应用至复杂场景。真正的 AR 体验是将虚拟对象与物理空间有机融合，更具临场感，不会随设备摄像头移动而改变位置。相较于国内，国外在内容丰富性和形式多样化上更胜一筹，除开常规的立体展示文物 3D 模型，国外博物馆更注重丰富阐释信息的层次，挖掘用户观展痛点，对不同类型文物进行针对性 AR 体验开发。举例来说，底特律美术馆和谷歌合作，准确抓住用户平时观看木乃伊时对层层包裹着的绷带之下的强烈好奇，引入增强现实技术重新解读展览，用户可以通过手机应用拥有一双"透视眼"来查看木乃伊的内部情况。其次，国外博物馆 AR 体验的实现效果更加自然，实现方式多采用平面检测和三维物体识别，2D 图像识别更多地被运用在与艺术作品的结合上，例如艺术展览中的可交互三维动态海报和公益广告等。再者，国外博物馆 AR 应用选择的显示设备和展示平台与国内应用情况差不多，均以智能手机和移动 App 为主要展示形态，线下实体展览中运用投影式 AR 辅助展览内容。

综合国内外博物馆相关 AR 产品，发现基于博物馆的增强现实技术主要应用在两个方面：针对展品本身开发的阐释服务和基于地理位置开发的导览服务。前者主要目的是创造一种引起好奇、缓解认知疲惫的引导式情绪体验，针对视觉和听觉等感官刺激进行开发，以此增强对展品本身的感知；后者主要是基于室内定位，帮助用户自我规划路线，及时获取形式多样的讲解，方便交流与传播。

以智能手机为代表的移动终端已经与人们的生活密不可分，App 早已成为人们获取信息的主要来源之一。越来越多的博物馆开发 AR 应用时选择智能手机或平板电脑为显示载体，以 App 或微信小程序的产品形态，发挥移动服务的便捷性、灵活性，为用户提供个性化定制服务以优化参观体验。新《新媒体联盟地平线报告（2015 博物馆版）》中也指出基于移动设备的移动内容传递对博物馆围绕展品开展参与性交互体验和学习有积极作用。

第六章　新媒体时代的数字博物馆发展

第一节　新媒体时代下数字博物馆的发展状况

现阶段我国已经全面迈入信息时代，网络技术和数字化技术为社会群众的生活和工作带来翻天覆地的变化，与此同时也在对博物馆建设和发展产生深远影响。在新媒体时代背景下，传统博物馆发展模式中存在的问题也日渐凸显。其中包括：博物馆开馆和闭馆受时间、空间等限制无法充分满足人们的精神文化需求，不能充分发挥博物馆传承和发扬文化的作用和价值。另外，据我国数字博物馆研究统计可以看出，虽然我国博物馆历史文化悠久，馆藏资源丰富，但是由于分布不均，导致人均享有存在较大差异性。同时，我国博物馆虽然馆藏资源较大，但是陈列展览数量相对较小，导致文化资源大量浪费，无法满足文化传承和发扬需求。除此之外，博物馆馆藏资源中包括大量的石窟壁画、织绣制品等文物，这些文物受环境、气候、温度、湿度等影响，均会发生质量变化，不仅影响其文化价值，还制约其长久保存。

新媒体时代背景下的数字博物馆相对于传统博物馆而言，其优势无可比拟。其中包括：突破时间空间限制、降低文物破坏率、提高文物展览率等。与此同时还能够通过虚拟现实技术将静态文物动态化，有利于人们进一步了解毁于战乱或流落海外的一些文物古迹。然而，在实际发展过程中，其存在的不足之处也要引起重视。其中包括界面元素较为单一、缺乏统一规范等。新媒体时代的到来，为社会创新发展奠定了良好基础，人们在这一发展背景下对新媒体的需求越来越明显，相对于传统观展而言，不再局限于"看到什么"，而是更注重"想看什么"。数字博物馆想要满足群众个性化需求，需要进一步解决虚拟互动问题。

除此之外，数据存储和数据传输也是现阶段数字博物馆面临的重要问题之一。虽然现阶段我国网络技术发达，但是仍然无法满足将博物馆进行家庭展示这一需求。随着科学技术不断发展，这一需求也成为数字博物馆未来发展的必然趋势。现如今，为满足这一需求，专家和学者提出诸多设想方案，其中以地方博物馆为核心，建立专门网络体系的方法具有一定可行性，具体来说就是通过数字展示将当地博物馆资源传递到全国乃至全世界范围内。

博物馆要提升传播影响力，更好地为公众服务，除了将自身作为一个大媒介进行整合外，还需要加强与外界的互联互通，通过大众传播媒介扩大影响，参与社会信息宣传。因此，博物馆在加强自身媒体建设的同时，要千方百计地保持与社会媒体平台的良好互动，紧紧围绕热度、深度、温度三要素开展工作。一是"抓活鱼"、抢头条，盘活馆藏的各种文物、文献资源，第一时间参与社会热点话题讨论，寻求与大众媒体宣传的契合点。二是配合重大展览、大型活动、重大节假日，主动进行媒体策划、新闻策划，深挖文化热点，召开新闻发布会吸引媒体关注，维持一定的大众媒体曝光率。三是进行议程设置，参与社会公共事务，制造热点，引发社会对博物馆及传统文化的关注。密切关注社会公共文化生活需求，主动输出优质文化内容，抢占社会文化宣传阵地。

由于博物馆的文物大多价值珍贵，所以保护工作相应地较为烦琐，然而一些展厅因为设备老化，基础设施不够完善，或者参观人数过多，或多或少地都会对文物造成无形的伤害。近些年来，我国对于文物的修复工作也给予了一定的重视，比如央视纪录片《我在故宫修文物》中就记录了陶瓷、青铜器等珍贵的稀世文物的修复过程以及修复者的生活故事，将国宝文物的原始状态和收藏状态真实地呈现在了观众面前。

为了保护文物，大多数展馆在展出展品时都会将文物摆入展柜当中，尽管在一定程度上保护了文物,却也限制了参观者的观赏距离,无法近距离地观看展品的细节。针对这一问题,一些博物馆采取虚拟博物馆,利用技术将文物真实地还原在人们的手机或电脑中,实现随时随地观展的想法,不仅能够更好地保护文物,也满足了人们能够与文物亲密接触的愿望。

科学技术的不断发展推动我国全面进入新媒体时代,为博物馆长远发展奠定了良好基础。要想抓住发展机遇,博物馆需要结合新媒体优势创新和完善发展模式,促进自身向数字化和现代化趋势发展,利用先进的科学技术吸引群众的目光,通过数字媒体技术为观赏者营造具有冲击力的视觉效果,能够使观赏者通过多个角度细致地观察藏品,从而更加深入地了解藏品的价值,促进博物馆稳定发展。

第二节 新媒体时代下数字博物馆的概念

新时代中国博物馆事业将面临更多、更新的挑战。博物馆要做到与时俱进,首先要做的就是开拓思路,从理念上谋求创新。在策展理念上,深层次提升区域间博物馆合作办展水平,加强博物馆策划主题性原创展览的能力,关注非物质文化遗产,实现策展理念的拓展和更新;在社教理念上,采用"互联网+"思维,充分利用数字化手段丰富服务方式,并且要运用新媒体等手段宣传和讲解;在文物保护理念上,应更多地运用预防性保护系统提供的数据信息,适当采用数字化手段,但应警惕"饥饿营销"式的文物展出;在藏品征集上,博物馆应更加重视征集对博物馆未来展示和传播具有重要价值的符合时代潮流的纪念物。

对于数字博物馆我国国内的学者给出的定义较少,缺乏公认的概念性界定。下面是部分国内学者对于数字博物馆的定义:数字博物馆是在数字信息环境下,以特定方式(数字传输处理技术)对馆藏文物进行组织、交流和利用的动态机制或系统(邢进原,2002);数字博物馆是以数字形式对可移动文物和不可移动文物的各方面信息进行收藏、管理、展示和处理,并可以通过互联网为用户提供数字化的展示、教育和研究等各种服务,是计算机科学、传播学以及博物馆学相结合的信息服务系统(杨向明,2006);数字博物馆是以采集、保护、管理和利用人类文化、自然遗产信息资源为目的,建立的信息网络服务体系（陈刚，2007）。国外专家也认为数字博物馆的网上在线展览具有跨学科性质，博物馆学、技术学和教育学等学科领域知识是在线展览设计的重要维度。

由上述几个定义总结出本研究对于数字博物馆的定义：数字博物馆是运用虚拟现实技术、三维图形图像技术、计算机网络技术、立体显示系统、互动娱乐技术等现代计算机技术，将现实存在的实体博物馆以三维立体的方式完整呈现于网络的虚拟展馆。具体来说就是采用国际互联网与机构内部信息网进行信息构架，将传统博物馆的业务工作与计算机网络上的活动紧密结合起来，构筑博物馆大环境所需要的信息传播交换的桥梁，把枯燥的数据变成鲜活的模型，使实体博物馆的职能得以充分实现，从而引领博物馆进入公众可参与的新时代，引发观众浓厚的兴趣，从而达到科普教育的目的。

信息化时代的不断深入，为新媒体发展提供了充足保障。新媒体作为新兴媒体，为博物馆创新发展模式奠定了良好基础，数字博物馆在这一时代背景下应运而生。所谓"数字博物馆"，是建立在多媒体技术、人工智能技术、大数据技术等先进技术基础上发展而来的。通过构造数字信息资源，能够弥补博物馆传统发展中的不足之处，突破时间、空间等限制因素，为博物馆数字化保护、信息化管理提供保障。

数字博物馆最早源于美国，后随科学技术的不断发展，越来越多重视文化传承和保护的国家也积极投入建设和推广工作。例如：我国数字故宫、数字敦煌就是数字博物馆的重要体现。

由此可见，数字博物馆相对于传统博物馆而言，不仅能够突破空间和时间的限制，还能够提高文物展出水平，完善文物展示效果，同时有利于为广大服务对象提供个性化服务。使观览人员能够在任何时间和地点获取博物馆文物信息。除此之外，数字博物馆还能够创新藏品陈列展览水平，突破传统博物馆单一、乏味的局限，使静态的文物资源变为动态。

当下的科学技术处于不断地升级换代过程之中，在此背景下，人们已经进入了新媒体繁荣发展的时代，甚至是融媒体时代，新时代下传统的博物馆如何进行多元化传播，满足受众的多元化需求急需解决。受新媒体的影响，信息传播的手段、方式和时间较以往都发生了改变，博物馆的信息传播对此需认真分析现状，及时做出改进措施。

第三节　国内外数字博物馆现状比较与述评

博物馆是人类收藏历史记忆的凭证和熔铸新文化的殿堂，担负着保护、研究和展示人类及人类环境遗产，推动人类文明发展的重要职能。据文化部统计，2013 年我国博物馆数量已达 4164 家，比上年增长 299 家，平均 1 天半增加 1 家博物馆；全年接待观众数量超过 6 亿人次，同比增长 13.10%。世界博物馆的发展趋势表明，现代博物馆不再是简单的文物标本收藏、展示、研究机构，而应成为面向社会、服务于公众的文化教育机构和信息资料咨询机构。博物馆已经由被动服务社会阶段转化为主动服务社会的新阶段，当今社会已经把博物馆的发展利用程度视为一个地区甚至国家文明发展程度的重要标志。

国际博物馆协会在 2001 年通过了现行的博物馆定义，内容为"博物馆是一个以研究、教育、欣赏为目的而征集、保护、研究、传播和展出人及人的环境的物证的、为社会及其发展服务的、向大众开放的、非营利的永久性（固定性）机构。"在我国，由文化部发布的《博物馆管理办法》（2006 年 1 月 1 日生效）第一章第二条规定"本办法所称博物馆，是指收藏、保护、研究、展示人类活动和自然环境的见证物，经过文物行政部门审核、相关行政部门批准许可取得法人资格，向公众开放的非营利性社会服务机构。"而数字博物馆自 20 世纪 90 年代产生以来被认为是把一般博物馆的收藏、陈列、研究、教育、娱乐等功能用数字化的方式表现出来的博物馆。笔者认为这个定义还未包括数字博物馆的全部内涵。根据笔者的理解，数字博物馆的基本定义是：以数字化的技术、形式和统一的数字资源标准对博物馆的收集保管、科学研究和教育传播资源进行处理、加工、整序、组织，并向不同需求类型的社会公众传播自然或文化遗产相关知识的信息服务机构。本研究所讨论的数字博物馆旨在以博物馆的实际业务、职能为依据，将之全面而系统地转化为数字博物馆的功能与应用。只有从系统视角出发，全面再造与转化博物馆业务，才能使数字博物馆的发展建设产生新的突破，从而实现实体博物馆形态和数字博物馆形态的彻底变革。

基于上述认识，本文整理国内外具有代表性的数字博物馆实例，从功能、特点等方面进行优劣性比较分析，提出优势和建议，为今后我国数字博物馆的发展建设提供一种新的视角和思路。

一、国外数字博物馆现状

本节选取国外 6 家典型的数字博物馆，从其功能和具体业务方面进行比较分析。

（一）纽约大都会艺术博物馆

纽约大都会艺术博物馆的网页设计、展示内容简洁明了、具有艺术感染力和视觉冲击性，处处体现着与实体博物馆的联系。导航栏设置从访问、展示、收藏、学习、研究、文物捐赠与交换到博客、商店等版块，无不体现着与不同类型观众的互动与交流。其中展示版块下，每个主题展示设有观众提问，可以随时向管理人员咨询与展出主题相关的问题，并有详细解答；收藏板块设置了检索藏品信息的功能，并且每个检索结果除详细显示其基本信息、图片信息外，还有与之相关的其他艺术品、展览和其所处的历史背景或发生的历史事件；学习版块为不同年龄层次的、不同类型的观众设置了不同的学习、交流资源，对象有儿童、青少年、成年人、大学生、教育工作者和残疾人等，为这些不同群体的观众提供了不同的交流平台和专门打造的学习资源，并能通过 Facebook 等社交网站继续进行深层次的交流。

（二）大英博物馆

大英博物馆的网站内容主要基于其实体博物馆的宣传，导航栏设置有访问、展示、探索、研究、学习、参与、频道、博客、在线商店等板块。其中探索版块可以直接检索到 5000 多件精品藏品以及通过数据库检索到超过 200 多万件藏品的信息资源。检索内容涉及藏品基本信息和相关文献资料信息等。学习与参与版块为不同观众提供了不同的子版块和学习资源，具体分为学校、教师、家庭、成年人、儿童等。频道版块将当前正在展示的主题以视频、音频等生动的技术手段展示出来，让观众通过历史场景再现来感受特定历史时期的历史环境、事件等。

（三）法国卢浮宫博物馆

法国卢浮宫博物馆的网站导航栏设置有访问、活动和游览、展览和事件、收藏，卢浮宫、学习艺术、任务与组织、支持卢浮宫、数据库、出版相关音像制品、在线媒体等版块。其中最具特色的要数收藏与卢浮宫版块的在线游览了。在线游览选取卢浮宫具有代表性的展馆，通过基于图像的绘制技术进行实际仿真展示，使游客可以通过选择展示区域来体验数字博物馆的虚拟漫游，给人以身临其境的游览体验。学习艺术版块提供了"仔细观察"（A Closer Look）的功能，可以让游客通过获取精品藏品的全方位信息（包括基本信息、图片、音频、历史相关链接、评论等）来感悟艺术品带来的深层次文化内涵。数据库版块提供了两种检索途径，一种是简单检索，通过关键字来进行；另一种是数据库检索，提供了 6 种不同资源类型可供检索的数据库。

（四）俄罗斯冬宫博物馆

俄罗斯冬宫博物馆的网站导航栏设置有信息、收藏精品、展览、冬宫历史、儿童与教育、数字藏品、关于本馆等版块。整个网站运用了大量的虚拟现实技术，采用基于 JAVA 平台和 IBM 的 Hot Media 网络多媒体软件再现博物馆所有楼层的全部展馆，并且在冬宫历史版块运用全景图技术，再现了不同历史时期冬宫不同方位的场景，具有很高的还原度，能带领游客穿越时空去感受不同时期冬宫的不同风貌。数字藏品版块提供大约 300 万件藏品的检索，按作品类别进行分类，如雕塑类、陶瓷类、书画类、家具类等；检索方式分为简单检索和高级检索，可以通过作品的标题、主题、某些属性，如风格、主题或日期等进行检索，并且提供了基于图像颜色、纹理的图像检索系统。儿童与教育版块分为学校中心、青年教育中心、志愿者服务、成人教育和虚拟学院等功能。其中虚拟学院按历史题材和历史事件运用多媒体技术与图文结合的方式生动展现相关主题的藏品资源。

（五）日本京都国立博物馆

日本京都国立博物馆的网站导航栏设置有展览、关于本馆、藏品、出版物、在展时间、常见问答等版块。网站总体内容和表现形式较为简单，内容以介绍性信息为主，以图片和文字的形式进行展示。藏品分为精品和在线数据库，数据库存储超过 5000 件藏品信息和 10000 张图片信息，可按关键字和类别进行检索。同时还设立了针对国宝的高解析数字图像数据库，可以选择不同年代来浏览藏品的高清图像和局部细节，并且每个藏品都附有详细的解说，可以更好地认识国宝，了解文化内涵。值得一提的是，该馆为儿童提供了通俗易懂、卡通式的博物馆词典，收集了来自日本、中国和韩国的藏品，儿童观众可以通过选择不同类别的藏品去一对一地学习和体验古代东亚文化。

（六）芝加哥科学与工业博物馆

芝加哥科学与工业博物馆是世界上最大的科学博物馆之一，致力于鼓舞每个普通人成为富有创造性的天才。其网站导航栏设置有访问、展示、在线科技、教育、关于本馆等版块，无处不注重与观众的交互和参与体验。访问版块中的博物馆地图将实体博物馆每层的平面图虚拟成全景图，观众可以根据指示任意选择感兴趣的展厅，页面跳转到所选展厅进行观看，使得观众像亲临实体博物馆一样，轻松自在地学习展示的相关知识。展示板块注重观众的参与，每个不同主题的展览都进行了不同形式的设计，以图片、文字和多媒体技术相结合的形式，讲述与展品相关历史事件，提供与展览主题相关的 Flash 学习游戏，同时提供此主题展览的教师手册，为不同类型的观众提供便利。观众可以从每个不同的展览主题得到不同的体验，从中享受科技带来的乐趣、学习知识、激发创造思想。在线的科学技术版块提供许多与观众互动的度假娱乐游戏、移动终端应用、视频、活动和社交博客等。以灵活多样的展示形式、趣味性强的学习游戏为观众提供新奇的游览体验，可以在学习科技知识的同时激发想象力，培养创新思维。

二、国内数字博物馆现状

接着，我们再选取国内 6 家典型的数字博物馆，依然从其功能和具体业务方面进行比较分析。

（一）中国国家博物馆

中国国家博物馆是以历史与艺术并重，集收藏、展览、研究、考古、公共教育、文化交流于一体的综合性博物馆。博物馆网站内容丰富、翔实，页面风格大气、庄重。网站导航栏设有关于国博、展览、资讯、藏品欣赏、学术研究、考古、国博讲堂、公共教育、文化产业、服务等版块。其中展览板块除了包含常规展览外，还推出了网上展览，以图文结合的形式与社交网站（微博）的观众进行互动，同时推出了与微软的合作项目"在线展厅"，使展品在虚拟展厅中展示，给观众带来新奇的体验。藏品欣赏板块中设有藏品数据库，包含 2688 件精品，可以通过时代、质地和品类进行检索。藏品以图文结合的形式展示，同时可了解与之相关的文献资料和同一时代、同一质地、同一品类的其他藏品。国博讲堂版块定期为观众提供不同主题的讲座，视频的形式展示。公众教育版块为不同类型的观众提供了课程、活动介绍和交流方式。

（二）北京故宫博物院

北京故宫博物院的网站以介绍性内容为主，导航栏设置有本院总说、开放与导览、紫禁城时空、数字资料馆、学术天地、文化专题等版块。紫禁城时空版块为故宫提供了凸显故宫特色的3种不同主题的游览方式：宫殿御苑游、宫廷史迹游、宫藏珍宝游。每种主题游览都按类别进行组织，以图文结合的形式，方便观众的游览。数字资料馆版块中值得一提的是对故宫藏品总目的建立。《故宫博物院藏品总目》是故宫博物院第5次藏品清理工作（2004-2010）的重要成果之一。经过清理，截至2010年底，故宫博物院藏品共有25个大类，总计1807558件，其中珍贵文物1684490件、一般文物115491件、陶瓷标本7577件。此次公布的目录为简目，藏品信息包括藏品的编号、名称、时代等，公布的藏品范围，包括一、二、三级珍贵文物，也包括一般文物和陶瓷标本。同时观众可以通过检索时代、类别和名称来查询故宫的藏品精粹相关信息。

（三）上海博物馆

上海博物馆的网站以介绍实体博物馆的展览、活动、讲座为主，其导航栏设置有历史沿革、文博快讯、典藏精选、陈列大观、特别展览、视觉艺术、教育学习、活动预约、学术园地、资源下载、商店等版块。其中典藏精选按类别和图文结合的方式介绍了经典藏品信息。值得一提的是视觉艺术版块，运用了大量的虚拟现实技术、三维展示技术和多媒体技术，提供三维场景游览、三维藏品展示、绘画技巧介绍等内容。三维场景游览实现了陶瓷馆和青铜馆的虚拟游览，让观众在游览过程中可以任意选择感兴趣的藏品进行进一步了解，使观众有身临其境的游览体验。三维藏品展示选择精品文物进行三维互动、结构展示和藏品细节部分的展示，让观众可以更加细致地观察其精湛的技艺和内涵。绘画技巧介绍运用三维动画再现了中国绘画技巧和相关艺术作品，展示形式生动、新颖。

（四）南京博物院

南京博物院注重数字博物馆的建设和发展，已建成虚拟数字博物馆和"身边的博物馆"项目。"身边的博物馆"是江苏省文化建设的重点项目，突破了硬件的平台技术限制，通过软件多媒体手段，结合网络平台和用户自己的计算机设备，受众人群不再受到限制，缩短了观众与博物馆的距离，让本项目真正成为在用户"身边"的博物馆，并给后期自主延续开发留下了空间"身边的博物馆"项目努力寻求在软件多媒体效果展示和内容方面有更多的拓展，实现了文物的空间化、信息化、虚拟化，是一次科技与人文相结合的成功尝试。在未来的开发计划中"身边的博物馆"将出现在手机、互动电视等多种平台上。其网站的导航栏设置有概况、展览、文物、资讯、服务、学术、专家、交流、文创等版块。其中文物版块运用三维展示技术实现了少量精品文物的三维立体展示，可以通过旋转和缩放对藏品进行全方位、多角度的观察和鉴赏。服务版块为青少年提供了可以互动、交流的趣味性活动，同时为教师提供了不同展览主题的教育课件。虚拟数字博物馆版块按类别提供藏品及相关活动的信息，以图文和视频结合的方式展示。值得一提的是南博的交流版块，与其他博物馆网站的交流版块形同虚设不同，该板块能及时回应观众提出的问题和建议，真正起到了互动、交流的作用。

（五）台北故宫博物院

台北故宫博物院的网站数字化水平较高，内容详实，表现形式丰富多样。针对一般参观者、学校师生、研究人员、媒体记者、合作厂商等不同类型的观众设置了不同的入口和不同的内容资源。导航栏设置有参观故宫、典藏资源、学习资源、博物馆行政、认识故宫等版块。其中资源典藏版块设有 3D 虚拟文物展示和典藏资料库系统。3D 虚拟文物展示选取少数精品文物进行三维展示，使观众可以全方位、多角度地了解藏品信息。典藏资料库系统内包含不同类型的数据库可供检索。学习资源版块设有虚拟博物馆、资料开放平台、故宫教学百宝箱、儿童园地、教育活动等，均运用了大量的虚拟技术，尤其是虚拟博物馆运用虚拟全景的方式再现博物馆的场景。资料开放平台免费提供文物及博物馆相关资料集下载使用，满足公众对信息的需求和信息的再利用。儿童园地针对不同年龄的儿童规划学习辅助教材，并提供教师或家长相应的教学准备资源，同时提供多种儿童游戏，具有很强的交互性、娱乐性。

（六）中国科普博览馆

中国科普博览馆成立于 1999 年，是我国最早启动的大型综合性科普网站之一，是国内最早以虚拟博物馆传播科学知识的网站。中国科普博览依托中国科学院丰富的科普资源，以资源集为基础，以"传播、互动、交流、服务"为建站理念，发展成为知识体系完善、资源丰富，形式新颖，集开放式、参与式、互动式于一体的中科院网络化科学传播门户，成为人与人交互的科学传播平台。网站导航栏设置有虚拟博物馆、虚拟科学体验、专题＆纵览、科学家视点、多媒体资源库、科学与中国等版块。其中虚拟博物馆和虚拟科学体验以图文和多媒体视频结合的方式展示丰富的主题资源。多媒体资源库设置有科学影院、科学游戏、科学动画等栏目，多以 Flash 动画进行展示，生动活泼，互动性强。

三、国内外数字博物馆现状述评

国外数字博物馆访问上述 6 个网站都能感受到其页面设计简洁明了、重点突出、形式灵活多样，使观众能够轻松获取所需信息，为观众提供便捷的服务。

（一）国外数字图书馆文化传播的优势

国外的博物馆，尤其是西方的博物馆偏向于多元性的经营，并组织国际合作协会，以科学的管理方法扩大博物馆的影响力服务大众。对于文化的交流，西方国家的博物馆一般会有计划地推展其研究成果，包括了展品，教育与书籍等。

国外的博物馆能够为大众提供理想的学习环境，并且有着同博物馆建筑物体设置相符合的馆员专业服务。国外的博物馆是通过沟通或传达两种方式进行传播的，这两种方式能使博物馆的专业与成果很快地被接受与分享。总体而言，博物馆被认为是一个有价值、值得参观学习的地方。在人类普遍的社会意识下，博物馆产生的人文精神是人类生存价值的基础。

（二）国外数字图书馆文化传播的劣势

国外很多的博物馆建筑或者设施，常是很古老的建筑体，其设计并不利于残疾人，甚至地理位置集中在城市，或者偏远的地方，并不具备便利性与安全性，因而造成种种的阻碍，例如未考虑身体障碍者的通行或生活之便，也未考虑老年人与儿童的行动安全，再者场地设施生硬不变，没有亲和的设置，如地面以大理石或者瓷砖铺设，大卢浮宫设计之一的建筑师雷波特说过："进入博物馆，有时候会感觉是一项惩罚，因为它过于严肃和刻板，应多设计对外呼吸的窗口，才能持久与博物馆接近。"这是国外很多老化的博物馆值得审视的重点。

国外的很多私人博物馆,由于经费不足,参观人员少,在展品的保养维护上面资金不足,疏于管理,导致很多博物馆珍品出现危机的次数数不胜数。

国内数字博物馆综合上述 6 家数字博物馆,从其网站提供的具体业务和功能进行比较,我们可以看出虽然我国的数字博物馆发展起步较晚,但经过十几年的发展仍然形成了一定的规模和特色。

(一)国内博物馆文化传播方式的优势

有中华民族悠久历史和灿烂的文明为基础,国内的博物馆拥有极大的典藏品资源,包含的种类也很全面。观众需求庞大,除个别博物馆外,各个博物馆观众都较多,尤其是免费开放博物馆。说明群众对于博物馆的文化传播有着强烈的需求,博物馆的文化传播也有广阔的发挥余地。博物馆的陈列主要是以地方历史文化或考古遗址为主,同时举办各种免费或收费的主题展览以保持博物馆的吸引力。我国的博物馆服务和经营情况都发展较为完善,发展多种形式的经营,能够更好地为观众服务。

(二)国内博物馆文化传播方式的劣势

首先是扶持力度不足。尽管大力发展文化事业是各级政府不断喊的口号,但是在实际操作过程中缺少实际的政策进行支持。博物馆的发展,属于民众的公益事业,需要政府的全力支持。目前的状况是对博物馆的投资力度小,但是博物馆的经营收入在税收上没有优惠政策,在产品研发上、政府采购上也没有优惠政策。

其次机制不够健全,一方面,由于博物馆大多属于公益性事业单位,职工的工资由财政全额发放,导致博物馆职工的工资激励手段不明显,不能够和市场的需求相结合。也不能够吸引专业性、高素质的人才进入博物馆管理的队伍中去。另一方面,由于博物馆的经营方式责任不清,很多的经营方式还是按照原来计划经济时代的性质进行经营。由于博物馆没有独立的管理权力,包括财务上的,人事上的都没有独立的权利,不能够放开经营,因此在博物馆的管理方式上缺乏创新型,在艺术品的开发这一问题上就表现得很明显,全国游览区的纪念品都差不多,区别仅仅在于标注的地名不一样,因此缺乏对观众的吸引力,看的多而买的很少。

国内的博物馆文化传播方式，常是被动地提供观众所需的信息、很少主动将博物馆的精华传达给广大的民众，很少在教育上、展示上与公益上展现积极主动的一面，然而在信息与媒体被充分利用的时代，加上科技的发达、信息的多元功能迫使媒体从业人员，在信息转化为新闻时，要更准、更稳、更快、更有效力，才能符合以速度为计量的时代要求。

因此，针对我国数字博物馆的发展建设总结出当前所具有的优势，并提出未来发展的对策建议。

（1）加强数字博物馆的教育传播职能。国内的数字博物馆大都重研究而轻教育，尽管这几年有所转变，但仍旧对博物馆的传播教育没有引起足够的重视。尤其应针对青少年和儿童提供更为丰富的学习资源和形式多样的学习形式，以此向少年儿童传播博物馆知识，拓展其知识领域和艺术鉴赏能力。

（2）提高数字博物馆的信息资源针对性。上述数字博物馆除台北故宫博物院对不同类型用户设置了不同的网站入口和相应学习、交流资源外，其他数字博物馆仅提供了介绍性的内容或链接，实质性的内容基本没有。因此应为不同类型的用户提供更为完善并适合的学习与交流资源，使数字博物馆得到更好地发展。

（3）增强数字博物馆的实用性和易用性。上述数字博物馆在展示藏品时以图文结合的方式居多，并且只针对单个藏品进行说明，并没有对当前藏品的所处历史背景、经历的历史事件、与之相关的文献资料和同类藏品建立相关链接，对藏品只是孤立地进行展示。同时对藏品的细节展示不够，大多展示都没有提供藏品的细节图案或缺少缩放功能。其实单个文物的单一信息并不能产生较大的应用价值，因此，只有建立数字藏品展示的全方位知识链接，同时提升对藏品细节的展示，才能使观众从不同的视角去观察、去感受，从而激发出创新的思想火花。

（4）建立健全数字博物馆的知识产权保护与管理制度。台北故宫博物院设立的资料开放平台完美地向社会公众提供免费的藏品图文信息，同时还提供了相关使用说明和规则限制。

（5）进一步增强数字博物馆与观众的互动性。上述数字博物馆均开设了与观众互动交流的社交网络或交流版块。南京博物院在这方面的工作做得尤为突出，注重与观众的交流和用户体验，并及时处理观众的问题和建议。但有部分数字博物馆的交流版块形同虚设，有的观众提问几年都没有得到答复。因此，需要切实提升数字博物馆的服务意识，增强与观众的互动交流，使数字博物馆更快、更好地向前发展。

（6）推动数字博物馆的共建共享进程。上述数字博物馆在馆际交流与合作方面均只做了简单的说明与介绍，交流合作程度不高，更不用说藏品的信息资源共享了。因此，需加强国内外馆际交流与合作，尤其在藏品的资源共享方面，使观众可以通过更为便捷的方式获取所需信息，提高资源利用效率，促进国际、地区间的藏品资源共享与文化交流，创造博物馆建设发展的优势、对策等。我国数字博物馆今后的发展方向需结合上述评论和建议，坚持实用性、易用性、系统性、针对性、互动性、特色化和共享共建等原则，并建立健全藏品在网络传播服务过程中的知识产权保护与管理制度，提高我国数字博物馆的资源利用效率，推动并完善数字博物馆的建设。

第七章　新媒体环境中博物馆的线上传播策略

新媒体是利用数字技术，通过计算机网络、无线通信网、卫星等渠道，和电脑、手机、数字电视机等终端，向用户提供信息和服务的传播形态。新媒体环境中博物馆传播方式呈现多元化。新媒体作为互联网的主要组成部分，创新了博物馆传播模式。文章选择新媒体环境为着手点，分析博物馆的线上传播策略，给出了具体的优化与解决措施。

博物馆承担着传播文化与弘扬历史文化的责任。新媒体环境中博物馆面临着新的问题，需要思考如何更好地发挥自身文化传播的职能。近些年数字博物馆、智慧博物馆等理念得到推广与发展，各个大型博物馆依托新媒体技术不断拓展自身的影响范围，提供差别化服务，并借助线上传播方式推动博物馆事业健康发展。

现今，突如其来的疫情改变了博物馆原有的展出和教育格局，让以"互联网+"为基础的"线上文化"迅速成为人们关注的焦点。随着疫情的持续，线上展览已经是博物馆文化展出的唯一途径。国内数千家博物馆的两千多项网上展览以其多样化的内容和新颖的手段受到广大群众的好评和欢迎。另外，随着互联网技术的全民覆盖以及汹涌的文化消费潮的到来，我国文化相关部门几年间陆续出台相关的政策，明确鼓励虚拟博物馆的建设，构建起与之相适应的展陈数据库。由此，线上展览方兴未艾，不仅是博物馆数字化程度的"标配"，更是博物馆发展的风向标。

第一节　新媒体环境中博物馆线上传播的重要性

新媒体相对于传统的传播平台来说，其信息传播的时效性和互动性更加明显，是吸引更多人关注的重要突破口。借助新媒体搭建的各类信息互动平台，可以实现与参观者的互动，对于改进模式、加强创新具有重要意义。当前的新媒体平台包括微博、微信公众号以及各种短视频平台，这些都是快速达到宣传目的的有力武器。以短视频为例，当前的抖音、快手平台有庞大的用户群体，通过具有针对性的宣传，可以更好地将区域的饮食文化和民俗文化呈现给广大人民群众，从而让更多人了解区域的文化，增强自身影响力。

近年来，新媒体在博物馆行业的发展过程中表现出了越来越重要的作用。新媒体借助互联网信息除了搭建各种宣传造势的平台之外，还可以通过与博物馆软件的合作，为前来参观的人提供更多便利服务。利用软件进一步满足人们旅行的实际需要，搭载各种线上 APP 还可以提升博物馆文创产品的销售水平。在互联网时代，线上经营已经成为一种重要趋势，借助线上平台，博物馆的文创产品可以更有效地扩大经营范围，面向全国，甚至是海外，从而提升博物馆的经济效益。

受新冠肺炎疫情影响"网上博物馆"的发展速度，"线上展览"在公共文化服务中的作用越来越明显。事实上，疫情只是"线上展览"的触发因素而已，真正的动力是互联网大数据时代博物馆转型、创新的发展举措。毋庸置疑，"线上展览"的创新是对我国智慧展馆建设成果的检阅，是博物馆让文物"活起来"的现代化手段，更是博物馆社会文化教育的未来趋势。一方面，"线上展览"显著提高了博物馆的公共文化服务能力；另一方面，博物馆利用线上展览扩大了跨界合作的范围，通过"网络直播""云春游"等活动，不仅增强了和观众的互动感，更提升了博物馆特色品牌的影响力。

线上展览模式的应用时间不长，应用的形式也有一定的局限性，为博物馆带来的成效还需要逐渐显现，但有一点可以通过数据得以印证，那就是这种线上展览模式正在悄然"走红"。从 2020 年 1 月末到 2022 年一月末,国家文物局的"博物馆网上展览平台"浏览量增长的速度惊人,每天的平均浏览量超过 5 万人次,突破 70 万人次的平台总浏览量。同时,微博话题"云游博物馆"超过 2 亿的阅读量,讨论的数量接近 4 万。淘宝进行的"云春游"直播活动,当天参与的网民高达 1000 万人。在新的时代背景下,随着"数字博物馆""智慧博物馆"理念的推广以及社交媒体的发展,近年来博物馆广泛运用互联网平台建立自己的传播体系,并为不同类型以及有不同需求的受众提供了多样化的服务。把博物馆"搬到线上"的新的传播方式将新媒体与文化传播相互融合,是传统与现代的碰撞,是博物馆在适应时代的发展和新的社会需求下的自我革新。

第二节　新媒体环境中博物馆线上传播策略分析

一、统筹资源,拓展传播渠道

就当前存在的资源和传播渠道问题,博物馆相关部门需要做好以下几个方面的工作:第一,政府部门需要重视、联合相关产业,组建优质的传播队伍,借助抖音、快手等新兴的社交媒体,打造多元化生成、多渠道传播的方式,拓展文化传播新渠道;第二,在互联网门户网站、微信公众号、微博等平台策划博物馆景点的摄影比赛、达人秀以及分享活动等,为用户搭建交流的平台,丰富群众对景点的认识;第三,举办线下主题或民俗活动,在博物馆日或各种传统节日时邀请影响力较大的媒体参与并进行宣传;第四,做好广告的宣传工作,利用城市的影响力,激发群众对当地文化的兴趣。

二、激发参观者的协同创新

新媒体环境中,每个人都是自媒体,因此博物馆管理部门需要客观看待个人的价值。博物馆传播是以博物馆消费为核心的活动,参观者既是体验人员,也是消费者。因此,博物馆应该打破传统博物馆行业中集中生产、单向传播的模式,通过积极搭建交流平台,吸引优质的宣传力量,借助自身的影响力,更好地参与生产与传播活动,并根据消费喜好和情感需求制定相关的策略,激发创新意愿,为博物馆经济的发展注入新的活力;另一方面,博物馆需要提升对群众感受的重视程度，积极调整相关的板块内容和表达方式，更好地满足参观者的需求，针对不同群体都能够彰显自身特色的文化内容。

三、挖掘地方特色，提升竞争力

传统的博物馆行业传播内容单一、粗糙，难以展现博物馆的内在魅力。对此，管理人员应该重视挖掘自身特色，从而提升竞争力。笔者建议从以下几方面做起：第一，建设自身的文化平台。博物馆经济应该优化顶层设计，打造阶段性主题，加强区域内景点的合作，从文化层面、历史层面入手，在传播新的博物馆理念的同时，做好文化的继承与发扬工作，从而吸引更多参观者，扩大影响力；第二，借助短视频平台，宣传造势。当前通信技术不断提升，智能手机大范围普及，流量资费不断降低，观看、分享短视频已成为日常生活中的常见形式。博物馆负责宣传的工作人员应该积极学习，合理利用现代媒体手段，制作能够被大众欣然接受的主题和形式，从而引导参观者激发对博物馆文化的兴趣。

四、发挥大数据优势，促进传播质量的提升

新媒体环境中博物馆要做好受众喜好分析，要重视吸引参观者，让参观者体会到博物馆的魅力。自媒体时代交流互动日益频繁，因此参观者的意见对于景点的发展具有重要意义。在利用大数据技术收集人民群众的网络行为数据的同时，需要根据内容进行分类，并利用数据分析的结果，对用户的喜好和习惯进行评估，从而优化服务，创新产品，实时进行内容的调整，为参观者打造精准服务，提升博物馆的服务效果，促进文化的传播。

例如，博物馆在线上传播文化时，需要考虑目标用户的习惯，选择合适的沟通方法，激发用户的情感共鸣。首先要做的是将博物馆从"高楼"上请下来，选择民众容易理解的方式传播文化；其次，传播过程中需要将文化与时代背景融合，切实发挥大数据的作用，增加博物馆文化的传播效果；最后，还可以创办网络展厅等，实现线上传播的升级。

五、进一步完善组织架构

随着市场经济全面取代计划经济，原本单位的职工俱乐部承担的群众文化工作重新回到政府设置的群众文化机构中。但随着社会经济高速发展，原有的基层群众文化机构的设置已经不能满足群众文化需求。在这样的背景下，社会

公共文化教育机构的重要性逐渐显露出来。

博物馆所在地的政府要出台支持政策与方法，将博物馆线上传播作为文化建设的主要内容，顺利实现推进和谐社会文化建设的目的：基层地方政府要重视提高文化部门干部的素养，奠定文化工作开展的基础；发挥博物馆舆论引导作用，主动组织、开展各类型的活动，与博物馆工作结合起来，提高线上传播的质量；制订长效激励机制，利用制度鼓励工作人员开展线上工作，并将其纳入绩效考核制度中。

六、积极培训员工

在新媒体环境中，博物馆想要跟上时代的发展，必须培养出精通新媒体运营的员工。基层博物馆可以有计划地派员参加大型博物馆或机构的培训，学习最新的宣传模式并结合博物馆的自身情况制订出有效的宣传方案，帮助博物馆"走出去"。而博物馆在举办内部培训时，应全面分析市场的需求，确保培训计划的可行性。

七、结合传统文化

博物馆应重点选择可以在当前文化发展中依然具有价值的传统文化内容。我们要深刻意识到在文化创造性转化的同时，全面落实文化转化，避免只成为一种口号，停留在纸面上无法落实。这就需要对传统文化中的精华与糟粕进行科学辨析，坚持根据实际情况创造性转化传统文化。

这就要求我们认清楚传统文化的价值，对其中优劣可以准确辨析。寻找传统文化中适合当前文化发展的内容，合理借鉴与吸收，可以继续发挥优秀传统文化的价值。例如，古代社会提倡"三从四德"，其中明显有封建思想残余，无法为当前文化发展所使用。但是如果可以在家庭美德教育中使用其中关于重视家庭德行操守的内容，就可以对当前文化发展产生较积极的影响；再如，传统文化中强调"孝悌忠信"，其中有一些关于忠孝的错误认知，但这一思想中的有些部分放到现代社会却并不过时，只需要去粗存精地继承，就可以达成创造性转化传统文化的目的。中国特色社会主义文化本身就是对文化的创造性转化与创新性发展。现如今国家提倡的"以人为本"，就是对传统文化中"以政裕民"与"以民为本"思想的转化使用。因此，博物馆在设计展览时也需要对传统文化中的精华进行坚定不移地继承与发展，实现古今中外的综合性发展，最终实现文化自信与弘扬传统文化的目的。

八、采用线上直播方式

通过线上直播的方式让博物馆在各网络直播平台相继亮相，不仅是一种前所未有的宣传手段，同时也是历史文化和现代科技的携手合作。虽然去年新冠肺炎疫情的突然爆发为人们日常的生产生活带来很多不便，但也为博物馆线上业务的开发提供了动力，加快了其发展的步伐。通过国家文物局的牵线和指引，我国众多博物馆联合新浪、快手、抖音和淘宝等直播平台开启了线上云直播之路。

这种直播模式不仅为广大用户提供了一个轻松自由的交流平台，同时通过主持人与观众之间及时的交流和互动，进一步提升观众的投入感和参与感，而且这种即时性和互动性的直播模式成了继"云展览"之后的又一种新的对话方式，进一步增加了观众对博物馆的了解。随着访问量的提升，人们对于博物馆的关注度越来越高，同时也体现出博物馆直播所具有的巨大发展潜力。云直播模式不仅将博物馆的内部现状、历史发展、文物来源等淋漓尽致地展现在观众面前（这种独特的直播模式也深深地吸引着观众的注意力），同时也是一种强有力的宣传方式，激发观众对博物馆的兴趣。例如，淘宝曾将西安碑林博物馆搬上直播平台，由讲解员白雪松担任直播主持人，用一种类似于脱口秀的方式对馆中的文物以及相关历史来源进行讲述，诙谐幽默的讲解风格可谓是独树一帜，让人眼前一亮的同时达到了非常好的宣传效果，使西安碑林博物馆在广大观众心目中留下了深刻印象。以至于很多网友在新冠肺炎疫情结束后自发到西安碑林博物馆参观留念，并主动将其介绍给身边的朋友亲人。

第三节　新媒体环境中博物馆线上传播的积极意义

一、与线下展览相互补充

博物馆的线上传播具有不可替代的价值和优势。首先，线上的展示可以与线下的展览进行相互的补充。新媒体技术的应用能够对文物的细节进行全方位的展示，有效弥补文物细节展示方面的不足，提高了博物馆展示传播活动的效果及质量。其次,目前的博物馆由于诸多条件的限制不能将文物全部展示出来,而线上的展览和直播却能弥补这一点。线上的传播方式拓展了博物馆的接待能力,没有了线下客流的压力,博物馆可以开放以前极少甚至没有开放的区域,更多地展示平时难能展出的珍贵文物。再者,线上的展示也可以作为博物馆爱好者和研究人员对展览的一种文化补充和学术深化,对于实体博物馆已经结束的短期特展,可以在线上进行反复地观看与研究。

二、适应新时代文化传播与受众接受的需求

在新媒体支持下的博物馆的线上传播有效地弥合了社交媒体的愉悦感和博物馆传统印象之间的鸿沟,成为当下博物馆持续吸引观众的重要手段。其多样化的展览和观展形式,为人们提供了更多的参观选择,同时也符合碎片化时代人们接收信息的习惯,交互性强的传播方式满足了公众较强的参与需求及对于个性化、新鲜化文化的诉求。

同时,线上的传播方式打破了时间和空间的限制,让游客足不出户就可以通过互联网感受到各地博物馆的风采,节约了公众出行的时间与金钱成本。对于展览时间短的特展,或因时间关系无法详尽观看的作品,“云展览”使观众摆脱了观展的时间限制,可以随时地、反复地选择自己喜欢的展览进行研究与参观,这对于文学艺术的普及与教育来说,具有重要意义。

此外,互联网对各类人群具有无可比拟的包容性,可以吸纳更为广泛的受众,这也为更多的残疾人提供了参观访问博物馆的可能。数字博物馆可以综合运用各种手段,通过不同的形式,将信息传递给残疾人。因此数字博物馆的建设,需要考虑到对特殊人群的尊重,并渗透到细节中,为残疾人提供更加便捷的、无障碍的服务。

三、满足自身可持续发展的需求

博物馆的线上传播为其提供了多样化的营收方式。博物馆通过知识付费课堂、文创产品销售及云直播等方式为其带来了巨大的流量和经济收益。博物馆与互联网公司进行积极的合作,对于博物馆来说,拓展了其自身的宣传渠道,更广泛地传播博物馆文化,带来更高的社会关注度与发展的新机遇;而另一方面,对于互联网公司,其可以借助博物馆丰厚的历史文化资源,为受众提供优质的文化内容。

此外，线上展览有助于对历史文物的保护。对于那些对馆藏条件要求严苛、较易遭到损坏的珍贵文物，线上展览的数字化方式能够将它们的信息长久地存储于互联网空间中，更易于文物长久地保存与传承。

第四节　新媒体环境中博物馆线上传播存在的问题与对策

博物馆的线上传播无疑为其带来了更多的社会关注。但目前国内的线上博物馆仍存有缺陷。首先，创意与专业性不足。许多博物馆独特性不够突出，宣传能力差，只是在自己的官网上创建了一个虚拟的展示空间，缺乏主动的传播措施，较难获得社会关注。一些展览的内容普通，展示形式单调，展览缺乏策划与新意，讲解晦涩，对于普通观众来说既难以理解，又没有深入了解的欲望。直播的主讲人应变能力、知识储备及技术设备使用能力的缺乏，也导致了线上观看的体验欠佳；其次，线上博物馆的展示与设计需要相关技术的支持，由于资金、人手等方面的限制，一些中小博物馆可能没有那么多精力去制作更为丰富的线上展览，因此，中小博物馆要想实现逆袭，创意显得更为重要。与知名的大博物馆相比，中小型博物馆可以在创意上下功夫，开发本馆的特色项目，做好与观众的互动，增强用户的体验感。再次，线上展览的体验感较实体博物馆有所缺失。实体博物馆的参观是一种多重环境因素及感官的同时在场，线上的展览对于参观者而言，缺少在场感与仪式感。同时，参观者通过手机或电脑屏幕无法准确地还原文物作品的实际尺寸，在环境与空间的感知上存在失真。云展览在体验感、展品本身的信息量等方面较传统展览有着较大的"损耗"。具体主要表现为：

一、传播主体单一，大众参与度不高

当前，我国对于新媒体的利用还处于起步阶段，大量新媒体功能还没被挖掘出来。对于博物馆行业而言，传统的经营服务模式正处于转型的初级阶段。当前的传播主体非常单一，传播主力仅限于当地的博物馆管理部门、经营企业以及传统媒体。传播的内容也相对传统，缺乏新意，大部分博物馆的宣传内容仅包括景点简介，活动信息非常少。在新媒体时代，自媒体发展快速，个体的

传播力度不容忽视。文化的传播也需要积极创新，朝着多元化的方向发展，博物馆也应该重视发展自媒体力量，为博物馆经济发展提供更多助力。

二、传播平台的知名度较低，新媒体的渠道匮乏

当前的媒体传播主要是通过电视台、报纸以及区域网站进行传播，但实际传播中会受到很多因素影响，传播范围及影响力有限，经常处于市场竞争中的弱势地位。各地博物馆企业对于网站的建设不够重视，存在更新信息慢、优化推广滞后、浏览量低等问题，难以形成有效的影响力。传播渠道的匮乏导致发布信息的影响力降低，这也在很大程度上影响了受众群体对博物馆的好感。

三、传播内容相对陈旧，缺少足够的吸引力

有些博物馆的历史文化知识在传播时存在内容单一的问题，无法吸引受众，不利于提升博物馆影响力。具体表现在以下几个方面：第一，传播的信息单一、陈旧，涉及的内容较少，很少会延伸到文化、历史、饮食、民俗、科技等领域；第二，内容模式化；第三，内容雷同现象非常严重，缺乏特色；第四，内容呈现方式非常陈旧。

当前文化传播的内容、形式大都存在一定程度的雷同现象，传播者缺乏创新意识，大部分都是利用模板介绍博物馆，因此严重缺乏个性化体验和互动分享等内容。很多博物馆依然使用的是图片加文字的方式发布信息，缺乏个性化、高质量的短视频分享，难以引起群众的兴趣。传播的管理人员对时下多元化和个性化的发展趋势缺乏了解，因此在很大程度上限制了博物馆事业的发展。

四、博物馆线上传播的对策

从长远来看，博物馆的线上传播是博物馆在当今环境下满足公众需求的必然选择，也是互联网时代公共文化服务的新趋势。在这个内容为王的时代，与其注重展览技术的提升，博物馆更应思考其如何坚守使命、加强内容建设、传播文化与价值观、丰富展览的内容和形式，为公众提供更好的文化体验。同时，博物馆在保证履行其文化传播职能的同时，也应当考虑其面向的不同的观众群体，并针对不同传播平台的用户特点，有针对性地做出优质的内容，吸引受众。展览主办方应当提升其专业水平，树立互联网的新思维，增强展览的创意性、展现自身特色，全面整合网络平台，做出优质的传播内容，有效地运用新媒体

技术，将博物馆自身丰富的文化资源与先进技术结合起来，更好地提供文化服务、传播文化和知识。

　　诚然，借助新媒体手段的线上传播只是博物馆宣传与服务提升的途径之一，最终目的还是引导观众走进实体博物馆，并不会取代线下的参观方式，但线上的传播和服务形式仍凭借其时代与技术所赋予的不可替代的优势，成为了新时代博物馆发展的必然之选。只有利用好线上线下"两条腿"走路，才是新时代博物馆的长久发展之计。

第八章　新媒体时代博物馆主体性的思考

　　技术的革新改变着人类获取知识的方式。近年基于互联网技术的新媒体，同样深度影响了传统的知识服务模式。大量新媒体在博物馆实践中的运用，在提升博物馆收集、创造及传播知识服务能力的同时，对博物馆的主体性也带来了一定影响。

　　自 2020 年起受新冠肺炎疫情影响，大量线下服务受限的博物馆，借助新媒体开展云展览、线上讲座及公众号直播等活动，创造了闭馆而不停服务的新博物馆业态生长点，新媒体与博物馆发展的议题一时成为业界关注点。早年国内已有研究考察了在博物馆展览中运用新媒体对观众行为产生的影响，认为新媒体的知识传递方式，更加能够满足观众的多元需求。《新媒体与博物馆发展》一书对各种新媒体在博物馆实践中的运用进行了介绍，关注到新技术发展对博物馆传统形态的挑战；译著《新媒体环境中的博物馆：跨媒体、参与及伦理》，一书审视了在新媒体环境下博物馆业态的变化，讨论了作为媒体的博物馆和新媒体塑造的博物馆之间的关系。近年有关在新媒体影响下博物馆传播形式的研究也开始出现，有文章讨论了跨媒体时代的博物馆叙事，归纳出博物馆信息传播方式的新特征：开放性、便捷性、互动性及虚拟性等，认为新媒体的进一步介入能够整合与重塑博物馆信息传播形态。还有文章从大众传播与博物馆互动的角度，讨论了大众传播娱乐内容与博物馆教育本质的关系，涉及博物馆本质属性的议题。本文尝试在博物馆语境下，讨论当下博物馆如何既能快速适应新媒体所带来的变化，又能很好维护博物馆主体性的问题。

第一节　博物馆语境下的新媒体概念

随着新媒体的广泛运用，原有社会的时空组织方式和日常生活形态均发生了前所未有的变化。传统媒体时代，以文字与图片为主要形式的纸质媒介是人类获取知识的主要渠道。相比而言，新媒体借助强大的技术支持，拥有了跨越时空限制的信息传播优势。具体到博物馆领域，业界将此现象称之为博物馆的"新媒体环境"或者"新媒体语境"。当下，新媒体对博物馆业态的改变已成为研究的一个热点，反之将博物馆作为主体，在博物馆语境下讨论新媒体运用的成果则相对较少。主体视角的转换，即在博物馆语境下重新审视新媒体，不仅是当下博物馆进一步发展的根本需要，同时也是厘定新媒体概念的一种亟须。

"新媒体"概念的界定也是近年学界关注较多的一个议题。当前学界多从传播学角度对"新媒体"进行界定，认为"新媒体"是技术支持下的"具有互动性、融合性的媒介形态"，或将"新媒体"定义为"借助计算机（或具有计算机本质特征的数字设备）传播信息的载体"。而从博物馆学视角，学界多是从实践角度阐述新媒体的运用策略，鲜少以博物馆为主体厘定"新媒体"概念。

新媒体在博物馆展示设计的应用过程中扮演了什么样的角色？20 世纪 30 年代就有学者注意到了新媒体对博物馆产生的诸多影响，并且不无夸张地预言博物馆将在此影响下走向"观众主导"。计算机问世后，博物馆新媒体更是层出不穷，俨然成为博物馆语言的重要分子。这也让博物馆人意识到新媒体在补充、完善传统机构的巨大优势。不过就像其他新事物一样，新媒体同样遇到"评判危机"。新媒体拥护者们认为，它是实现现代化、公众化的有利方式，而且能迅速提升古板的传统机构的效率，在实现知识民主化、为展览提供情景信息，以及增进博物馆参与方面的努力更是魅力不凡，同时，它也提供灵活性、帮助再现"复杂概念和过程"、让展览生动、提供多种视角、促进与观众的社会互动。怀疑论者则将其视为文物真实性、知识传统来源所有权的威胁，一些博物馆更是因此走向庸俗化的境地，它们自我包装俨然成为娱乐性的商业中心。尽管两种观点都立足于现实，但任何一方都没有区分各自观察的新媒体种类和用途，且言辞中包含着未经检验的博物馆和新媒体推论。比如，反对在博物馆中使用新媒体源自对两者的静态认识：新媒体伴随着技术高端化、小型化的过程，显得转瞬即逝与虚拟，但也带来颇受欢迎的娱乐效果；博物馆则与"静止""意义重大""纪念性"相关，表现出历史永久性和物质性。在我看来，这些差别并不是重点，新媒体参与博物馆实践的过程更为实际。另外，新媒体会提升博物馆的观点过于看重技术，而低估了新媒体帮助知识建构和实践的程度。我认为，新媒体不仅是作为交流的工具或设备，还可以看作帮助博物馆组织、建构知识和吸引观众注意力的有力手段。因此，我们可以从新媒体与传统媒体、新媒体与观众这两组关系，分析新媒体在博物馆特别是展示领域所发挥的作用。

在博物馆语境下，无论何种媒体的运用，均应以增强博物馆收集、生产及传播公共知识能力为标的。如在知识传递环节，博物馆基于自身特殊收藏而生产、制造出的公共知识是根本，参与博物馆公共知识呈现、传播的新媒体仅仅是一种新颖的、更加有利于博物馆知识传递的方式而已。换句话而言，从博物馆主体来看，新媒体只是博物馆选取的以满足博物馆主体发展需要的一种更新的媒介方式。而媒体属性的新与旧，相对而言又是一个动态的概念。例如以二维图像为主的图像语言出现时，同样被社会认为是一种新媒体。随着技术的发展，具有虚拟性特征的三维图像超越二维图像又成为媒介传播的主流新媒体。在马歇尔·麦克卢汉（Marshall McLuhan）的泛媒介观中，博物馆本身同样是传播学意义上的实体媒介之一，即具有传播功能的实体空间。博物馆与新媒体又具有共同项——作为文化传播的媒介。因此，在博物馆语境下，所谓的新媒体，应是以新技术为支撑的，可以拓展博物馆知识收集、生产及传播途径的各种媒介形式。

由此，从博物馆主体来看，新媒体虽然对博物馆传统传播机制带来很大改变，极大拓展了博物馆知识服务的途径，生成一种新的博物馆发展环境，但不能过度夸大新媒体在博物馆中的作用，尤其不能夸大新媒体的技术作用，甚至强调技术优先，出现喧宾夺主的现象。

第二节　博物馆主体下的新媒体运用

主体性（subjectivity）是事物存在的根本属性，属于西方哲学的概念。马克思从认识论角度阐述了主体性思想，强调实践对于主体性的意义，实现了主体性从抽象到具体的发展和重构。哲学意义上的主体性，是人作为活动主体所具有的属性，是区别于活动客体的特殊性，强调客体为主体服务的价值关系。在运用新媒体扩展博物馆功能的各项实践中，博物馆作为主体，新媒体及其外延作为客体，博物馆在与客体产生的对象性活动中不断实现自身价值，使原有的工作形态发生改变。

媒体按照出现的先后顺序可划分为五种类型，分别是报纸刊物、广播、电视、互联网和移动网络。位于第四、第五媒体的互联网和移动网络则属于新媒体范畴，它们分别起始于 20 世纪 80 年代 Web 技术的出现和 1993 年手机的出现。随之而来的各种设备也在网络传媒和移动传媒中担当重任，对新媒体的发展起了关键作用。迄今为止，虽然对于新媒体的界定并未下定论，但是依据新媒体的重要特征，依旧能归纳出它的主要内涵，我认为，只要基于数字技术，能对大众同时提供个性化内容，使传播和受众关系对等的，都可以称之为新媒体，它既属于技术范畴，也属于文化范畴。

一、门户网站

门户网站是博物馆在网络快速发展时期应用最早也最普遍的一种媒体形态，它可以分为综合门户、行业垂直门户、地方门户和个人门户，它囊括了几乎所有的传统媒体内容，实现了点对点、点对多点的传播模式，具有多媒体化、交互性、高时效和跨界传播的特点。博物馆的官网便属于个人门户，是博物馆重要的信息中心和公共展示区，在互联网技术的发展初期，网站的建设与应用是博物馆走进大众的重要手段，是观众需求不断发展变化的结果。博物馆将文物藏品的图像、文字、影像和其他类型的数据经过数字化处理之后，分门别类地展示在官网平台，大致包含以下几大板块：1. 展讯。一般情况下，博物馆都将近期展讯放在首页，内容主要为展览前言、代表性展品、展览时间和地点、门票价格等；2. 新闻资讯。主要包括本馆新闻动态、国内外文博行业信息、媒体报道，以及本馆公告；3. 参观导览。包括本馆开放时间、参观门票、交通路线、展厅分布、预约服务等必要的游览须知；4. 藏品欣赏。博物馆大量的文物藏品在官网上得到全方面、多角度地展示，多为图文展示，也有三维展示。如故宫博物院将本院藏品总目公布，公布的信息包括藏品编号、名称、时代等，藏品分类涉及绘画、法书、碑帖、铜器等 25 种类型。中国国家博物馆的分类则较为简单，划分为古代藏品、近现代藏品和艺术作品，并为参观者提供藏品检索。上海博物馆在进行藏品图片展示的同时，还加入了相关视频；5. 教育培训。包括专题讲座和学术活动，博物馆登出近期举办的讲座内容和往期讲座纪实，中小学生教育活动和文化考察。这些板块全面地介绍了博物馆概况、学术研究、国际交流等各项内容。为了优化观众体验，丰富服务内容，部分博物馆还接入在线购票入口，设置观众线上留言板，提供电子版资讯下载和博物馆全景游览，以及直接在网上注册博物馆会员等，同时设置了可跳转至站外链接、分享至微博和微信等功能。

二、电子期刊

电子期刊是传统出版物的一种新形式，兼具了平面与互联网两者的特点，以互联网为载体和流通渠道，进行网络传播和阅读，属于流行于当代生活的网络出版。它不仅丰富了出版形式，将教育信息化，而且变革了阅读习惯，人们可以在电脑或者手机上直接阅读、检索，传统出版也因此受到冲击。对于文博刊物，印数少但具有重要的学术意义和文化价值，在电子媒介的影响下，编辑人员开始提高运用网络媒体的宣传意识和技术手段，将纸质期刊数字化，使其出版成本降低，受众群体增加。目前博物馆电子期刊的获取方式有三种，一是通过博物馆的官方途径，例如官网和微信公众号。如四川广汉三星堆博物馆在官网设有"电子阅览室"频道，参观者点击进入之后可直接阅读学者们发表于各学术刊物上的对于三星堆的研究。首都博物馆将《博物院》杂志、首博出版物和文博类期刊的每一期目录、内容摘要予以展示；二是万方、知网、维普等数字资源共享平台。《中国博物馆》《博物馆研究》《中国国家博物馆馆刊》《文博》《四川文物》等主流博物馆刊物皆可在以上数字资源平台下载查看；三是"掌阅""多看"等手机阅读软件。"掌阅" APP 作为国内用户数最多的阅读软件，可免费阅读及下载《陕西历史博物馆馆刊》，其他更多的是与博物馆相关的专著。

"多看"APP 的博物馆刊物资源与"掌阅"APP 数量相当，可订阅查看中国国家博物馆的《微博物》。相较而言，手机阅读软件的资源有限，多需要付费阅读。

三、网络个人空间

如果将博物馆看作一个独立个体的话，那么网络个人空间是目前博物馆应用最广泛的媒体形态，它包括博客、微博、微信公众号和网络直播，主要以手机终端为搭载平台和传播渠道，与门户网站相比，更注重移动即时性、双向交互性和个性化。

博客最早出现在西方，可追溯至 20 世纪 90 年代，它融合了多种原有的网络媒介，对信息的展示、传播、沟通产生了巨大影响。2002 年博客正式走入中国，2004 年之后，随着天涯、网易、新浪、搜狐等门户网站推出博客服务，博客在中国彻底盛行起来。开通博客比建立门户网站门槛更低，操作更便捷，博物馆利用博客作为信息展示与发布的窗口，设置不同主题的栏目，将发布时间进行归档，方便用户阅读与检索，此外，用户可直接对文章发表评论、进行转载，实现了实时沟通与信息共享。在博客流行的时期，该平台是博物馆发布展讯和新闻资讯的重要阵地，但随着微博和其他社交平台的兴起，博客的利用率已经越来越低。

微博（Weibo）即微型博客（Microblog）的简称，这是一种注重时效性和随意性，对发布内容有字数限制的即时博客。2006 年美国 Obvious 公司推出 Twitter 标志着微博的诞生。国内的微博产品主要有新浪微博、腾讯微博、搜狐微博、网易微博、凤凰网微博等。作为第一个推出微博服务的新浪网，通过巨大的原始积累和强势的后期运营，成为当前微博产品的主流。前期，新浪微博只能发布不超过 140 字的内容，强调短小精悍，2014 年发布"长微博"功能之后，便可以编辑长达 1 万字的文章，拓宽了发布内容。各大博物馆自 2011 年起纷纷注册微博认证账号，截至 2017 年 11 月，文博微博认证账号共计 795 个，粉丝总量达到 2029 万。博物馆微博对大众的渗透得益于微博的传播特点，它的形式多样，功能丰富，发布便捷，传播速度更快，传播范围更广，这也是它与官网、博客的最大区别。加之碎片化阅读和亲民性语言适用于当前的网络环境，博物馆不再是不可向迩，加之有发起话题、他人、建立微群、发送私信、粉丝服务等重视用户运营的这些功能，继而吸引了广大网友的强烈关注。

微信公众号是微信平台提供的应用账号，主体可通过电子邮箱账号进行绑定注册，账号类型分为服务号、订阅号、小程序和企业微信，它们为用户与账号主体之间创造了联系，通过公众号可实现双方的全方位沟通、互动，并能满足用户随时对信息进行采集和获取。一般情况下，博物馆注册的均为服务号，它偏于服务交互，每个月可群发 4 条消息，并直接显示在好友对话列表中。截止至 2018 年 3 月，博物馆官方注册的微信公众号中，主账号数量共计 597 个。博物馆公众号除了传统的信息发布、粉丝互动之外，还大大创新了博物馆的信息传播功能。图文中能够添加音频、视频、小程序链接、H5 页面，优化了阅读体验；打开微信"扫一扫"可获取导览地图、展品信息、语音讲解、数字展馆；通过公众号跳转到外链，参与第三方平台开发的内容，包括在线购票、讲座预约、趣味游戏等。微信公众号被大力推广到博物馆的宣传工作中，成为人们获取博物馆信息、参与博物馆活动的最主要途径。

网络直播即网上现场直播，是运用网络通信技术，将现场实时的音频和视频通过直播平台上传至网络，用户可以通过直播软件收看并参与互动。早期的直播以图文形式为主，大部分都是在电脑端进行，现在移动互联网的发展，让移动端的直播软件成为主流直播平台。自 2016 年兴起"网络直播热"之后，截止至 2017 年 12 月，网络直播用户规模达到 4.22 亿，相较 2016 年增长了 1 亿多人。通过已有的行业和平台嵌入直播功能或在直播平台上开拓新业务，这种"直播 +"模式成为网络直播的新常态。博物馆正是利用了这一趋势，通过一直播、网易直播等主流直播平台，将其应用到展陈讲解、学术讲座、会议现场等场景中，拓宽博物馆展览形式，中国文博与新浪微博合作推出"博物馆直播月"和"约会博物馆"等活动，在网络上掀起一股"文博热"。官网、微博、公众号、网络直播构成了博物馆领域的全媒体矩阵。《2017 年度文博微博新媒体发展报告》中便将中国国家博物馆的"东方画艺"专家讲解直播、四川广汉三星堆博物馆的约会三星堆·游园指南、故宫博物院的明清御窑瓷器考古新成果展、广东省博物馆的亲临泰坦尼克等 10 场博物馆热门直播作为典型的博物馆直播案例加以分析。

四、手机应用软件及小程序

手机应用软件（Application）主要指安装在智能手机上的软件，它的出现打破了电脑终端设备的限制，受众可以与信息同步并参与互动。2011 年，美国博物馆协会出版了《博物馆掌上设备应用程序——美国博物馆协会规划和战略指导丛书》，书中对博物馆掌上设备应用程序的潜能和开发前景做了深入探讨。基于大英博物馆、卢浮宫、美国大都会博物馆的优秀 APP 先例和国内成熟的 APP 开发技术，国内文博领域也开始介入 APP 的制作与发布，当前文博 APP 主要有五种类型，分别是口袋博物馆型、导航导览型、展览简讯型、游戏互动型和另类创意型，内容涵盖展馆导览、文博资讯、手机游戏等方方面面。除了博物馆官方出品之外，也有一些信息技术或网络科技公司的个人开发，为用户提供全国乃至全球各大博物馆信息，常见的有"中国博物馆联盟"APP、"爱去博物馆"APP、"看展览"APP、"知亦行"APP 等。

2017 年 1 月 9 日，微信小程序正式上线，昭示着小程序时代的到来，这是一款"无需安装、触手可及、用完即走、无需卸载"的颠覆性应用。与 H5 相比，它更接近原生 APP，流畅通顺；与网页相比，它可以进行各类体验操作，快捷灵活。虽然小程序在博物馆中的应用尚未普及，但是它作为其他媒体形态的延伸，在日益追求轻量化的移动应用中，仍具有很大的发展空间。与偏向内容的微博、微信公众号有所不同，小程序更偏向于基于展品信息的服务，常见的有博物馆地图、语音讲解、线上展览等。

五、增强现实和虚拟现实技术

虚拟现实（Virtual Reality，VR）和增强现实（Augmented Reality，AR）作为 20 世纪便已经提出的理论，直到进入 2000 年之后才逐渐扩大应用。两者的不同在于，虚拟现实技术可以创建和体验虚拟世界，人们可以沉浸于虚拟环境中并产生虚拟感受，而增强现实技术是将虚拟物体叠加到现实环境中，是对现实环境的一种增强与补充。博物馆传统的展示方式不能很好地展现展品的细节特征，增强现实交互技术可以创造丰富的互动方式来增强真实世界的展品。这种新兴技术为博物馆交互设计和观众体验带来新的契机，增加了展览的参与性和趣味性，博物馆不仅将其应用在展馆的场景设计和展品展示中，还应用在移动端媒体，实际做法是通过软件把手机、平板等移动设备变成虚拟显示器，使用摄像头捕捉现实场景中某个对象（实体或图像），然后在屏幕上显示对应对象的 3D 图像，实时融合成虚实结合的场景。参观者在交流互动中加深了记忆，实现更深层次的交互体验。或是将全景展厅搬入移动设备，参观者通过手机、平板便可在还原度和真实度极高的线上虚拟展厅观看展览。这种"文化＋技术"的模式成为博物馆文创产业的新核心，是促进博物馆未来发展的重要力量。

一方面，新媒体的运用，增强了公众使用博物馆的交互体验及参与性。为了增加公众线上观展的真实感，一些博物馆设置了观众交互体验式内容，如通过简单的肢体操控，在虚拟现实和视景仿真技术下获得云端的沉浸式体验，给观众带来不同于实体博物馆观展的新感受。更深层次的交互参与改变了传统博物馆与公众之间的交流机制，提升了公众参与度。当下，通过新媒体公众既可以自由表达对博物馆服务的评论，也可以从自身兴趣点出发，选取自己想要获得的博物馆服务，以更多的方式达成与博物馆的交流对话。

另一方面，新媒体在运用中存在局限性，对博物馆主体产生冲击。博物馆的主体性要求博物馆在借助新媒体扩展自身功能时表现出主动性，即博物馆借助新媒体传播知识时，需要博物馆专业人员从内容提供、内容制作到内容发布全程参与，给予专业管理保证知识的专业性，并以引发公众主动思考与探索为目的，实现博物馆的社会功能与作用。而实践中，由于博物馆主体意识不强，导致新媒体过多参与，一定程度上侵害了博物馆的主体性原则。此外，新媒体以即时性、便捷性为博物馆与公众提供多样化的交流方式，且信息传播速度较快。但当面对突发情况时，博物馆若不能积极利用新媒体主动发声，往往会产生负面影响。例如 2021 年广东省博物馆的"留言簿事件"一经发生，通过各种新媒体形式迅速传播，引起公众对博物馆工作的误解。虽然新媒体环境下的舆论走向与公众心理紧密相关，但是公众仅为舆情事件的追随者，对舆论本身起决定作用的仍是博物馆主体。该类事件的发生正是由于博物馆在为公众提供服务时没有做到主动、积极地文明观展引导，舆论爆发后也并没有及时通过新媒体形式进行澄清以维护社会形象。马克思说："对象如何对他来说成为他的对象，这取决于对象的性质以及与之相适应的本质力量的性质。"博物馆在与新媒体产生的对象性活动中，积极运用主体力量以维护主体性，才能更好地实现自身价值。在应对各类舆论事件时，如何利用新媒体及时、主动地发声，避免因片面舆论而使博物馆主体形象受损，也是值得思考的议题。

第三节　博物馆本体性思考

新媒体去垄断、去中心的特点，使公众在使用博物馆时可以获得更多的话语权，公众对博物馆的访问、参与及意见表达等变得更加民主化，由此新媒体在以大众化、民主化服务为追求的博物馆未来实践中的运用无疑会越来越普遍。但是，不得不看到，为了突出新媒体的沉浸性、娱乐性功能，相对忽略了博物馆的主体性维护，出现了一些喧宾夺主，甚至不利于博物馆进一步发展的现象。主体性是事物得以存在的前提，博物馆概莫能外。

博物馆以收藏、保存、研究和展示人类及人类环境发展的见证物为本质职能，原真性是这些人类遗存进入博物馆并成为博物馆物件的第一属性，即真实存在过的、不可复制的、不可替代的。传统博物馆展览由真实的物件组成，能够带给观众一种独特的真实的在场感。而新媒体呈现的物则是经过数字技术处理过的博物馆物的拟态，线上展览具有虚拟性，使用者的现场真实性体验会弱化。在此情况下，如果博物馆过多依赖新媒体线上传播的便捷性，而忽略线下服务的话，博物馆主体性缺失问题就可能出现，博物馆使用新媒体的模式就需要重新思考。事实上，博物馆展览的知识传递不仅是知识拥有者与接收者的直接传递，还是在跨时空的特殊环境下对人类知识的再现式传递。博物馆应认识到，基于新媒体的线上服务，仅是线下服务的扩展，而不能等同于线下服务。

当前，博物馆事业进入快速发展阶段，呈现了一些新的趋势。就举办主体而言，从以文物部门为主导，转向由政府引导，动员各行各业和社会公众共同参与。就博物馆类型而言，从传统的综合、历史、艺术等类型，转向科技、自然、民族、民俗、生态、遗址等各个社会学科、自然学科类型以及各行各业的专题博物馆。专题博物馆是博物馆体系的重要组成部分，体现了鲜明的行业文化特征、民族文化特色、地域文化特点，符合博物馆社会化、专题化、多样化的发展潮流。保其主体性，必然要妥善处理线上虚拟服务与线下在场服务的关系。当前，国家既强调加强国家级大型博物馆的建设，以逐步使我国的重点博物馆达到或接近发达国家的水平，同时，也强调支持中小博物馆的建设与提升。

近年来，在全国各地涌现出了一些优秀的专题博物馆，例如中国煤炭博物馆、青岛啤酒博物馆、上海公安博物馆、沈阳金融博物馆等，这些博物馆因为与经济社会发展和广大民众生活密切相关，产生了很强的社会吸引力和影响力，并为提升城市文化品位做出了重要贡献。今天，国家高度重视专题博物馆的发展，将专题博物馆纳入国家博物馆事业的总体框架，给予积极支持。同时，国家鼓励优先设立填补博物馆门类空白和体现行业特性、区域特点的专题博物馆。

文物行政部门努力加强对专题博物馆的宏观指导，积极提供服务。例如将专题博物馆纳入全国博物馆质量评价体系。在全国博物馆评估定级中，一批专题博物馆被列入国家一级博物馆和二、三级博物馆之中，显示出专题博物馆在我国博物馆事业中的重要地位。同时，对于一些专题博物馆的创建也给予了高度关注，例如中国水利博物馆、中国文字博物馆、中国妇女儿童博物馆和中国航海博物馆的文物征集、陈列展览工作，文物行政部门协调全国文物博物馆系统给予支援，并取得了良好的效果。

专业性知识生产和传播是博物馆与一般媒介的本质性差异，博物馆知识必须满足科学性、系统性和准确性的基本要求。而新媒体作为大众媒介，知识来源多元，一些缺乏专业性的带有大众娱乐性质的知识会借助新媒体得以传播，由此与博物馆专业性要求产生张力。具体到公众娱乐性需求的解读上，博物馆需要平衡科学性、学术性与公众娱乐性之间的关系，新媒体则主动迎合公众娱乐性需求，加入大量互动、交互式环节，更多强调传播规模和效应，而不甚重视科学性、学术性。一些新媒体会尝试打破博物馆的本质属性，过度解读博物馆的休闲娱乐功能，追逐娱乐化，比如一些新媒体推出的线上展览缺乏实质性内容的呈现，形式大于内容。这些偏离博物馆专业性的行为，无疑会影响到博物馆的公信力与主体性，损害博物馆的社会形象。

从主体性角度看，运用新媒体传播博物馆文化的其他行业行为同样需要重视。近年来，在新媒体的助力下，博物馆文化成为社会热度较高的一种文化，许多相关行业也开始通过新媒体大量传播博物馆文化内容，以提升自身的知名度及社会效应。博物馆作为公共知识服务机构，将基于特殊收藏所生产的知识进行公开展示、传播，是其社会责任所在。社会上对博物馆文化的再利用，同样是博物馆履行社会责任的应有之义。但是，为了获得关注，过度消费博物馆文化的其他行业行为不断出现，甚至一些已被打入历史史册的负面现象也借博物馆之名，得以传播，造成恶劣的社会影响。

总之，新媒体在博物馆中的运用，表面上改变的是博物馆与公众关系，而深层次改变的是博物馆原有的思维方式和工作形态。新时代，博物馆无论选用何种媒体方式，均需优先考量博物馆主体的需要。

第四节　新媒体是博物馆文化传播新出路

博物馆的文化传播需向何处走？新媒体交互式、数字化的传播方式不断推动着博物馆未来发展的新方向，给博物馆带来了举足轻重的影响。

信息化时代的背景下，基于互联网技术、数字化技术和无线通信技术的新媒体正以其横扫六合、席卷八荒的气势冲击着传统的信息传播方式，也使得受众的文化需求日益多元化。对于承载着收藏、保护、研究及教育等几大功能的博物馆来说，乘上新媒体的"快车"，转变自身角色、拓展传统功能、提升用户体验，似乎是当下文化传播的新出路。

那么，新媒体是什么？怎样厘定？新媒体是处于发展变化中的，具有传播速度迅捷化、传播内容缩略化等特点，目前各界对于新媒体的定义莫衷一是。但总体来说，可以从"以网络为主体的传播平台、以数字媒体技术为核心的媒介形态"上去理解，即通过数字化交互性的固定或移动的多媒体终端向用户提供信息与服务的传播形态。它的"新"，新在媒体互动的新方式、媒体技术的新融合上，新在对于传统传播形态及传播方式的颠覆上。

尤其是近年来博物馆在微信与微博领域的探索与发展，进一步拉近了博物馆与公众之间的距离。这种潜在的影响，可以从博物馆品牌文化传播路径和提升文物保护的宣传效果的路径探讨两方面讨论。

（一）新媒体时代博物院的品牌文化传播路径分析

近年来，随着移动互联网的迅速发展，作为中国最具传统性的博物馆也与时俱进地迈入了新媒体时代。在对博物馆文化的传播上，更注重文化创意产品的设计开发和宣传，借着互联网，不断探索传播新形式，以新媒体为媒介向大众传播品牌文化，使得博物馆品牌颇具特色和影响力并且越来越受到大众的热烈追捧，也越来越深入人心。本文接下来将对其传播路径做具体分析。

1. 微传播为博物馆品牌文化开辟新阵地

互联网新时代，微传播作为一种新的传播方式应运而生，唐绪军认为："微传播是以微博、微信、移动客户端等新媒体为媒介的信息传播方式，其具备针对性强、受众明确、传播内容碎片化等特性。"故宫博物院利用新媒体时代的优势将品牌文化通过"三微一端"的传播媒介进行微传播，在确切表达文物文化的同时增加了趣味性、亲近性、互动性和个性化，从而吸引了广大受众。

（1）微博推广传播范围广，速度快，语言亲切幽默

微博作为一个基于用户关系信息分享、传播以及获取的通过关注机制分享简短实时信息的广播式的社交网络平台，在传播推广的作用和效果上有着快速便捷、多向互动等多种优势，尤其在如今资讯高速流通和移动互联网的不断发展下，微博越来越受政府、企业以及组织机构的青睐。以"故宫博物院"为例，官方微博自 2010 年开通以来至 2019 年 1 月底拥有粉丝 629 万，粉丝数量庞大，受众多，传播范围广，影响大。它 2018 年每月基本保持在"人民日报微博榜单政务微博文化榜"前三名，发博日微博阅读数"100 万＋"，互动数也在上万，其内容主要是对各类文物的介绍以及对传统文化知识的解释和普及，篇幅简短语言亲切易懂。另外官博还会制造热门话题，如"紫禁城里过大年""让我们一起来读日历"等，时不时进行微博转发抽奖，吸引用户，增加用户黏性，并以惊人的速度传播，宣传推广效果显著，深受广大粉丝的喜爱。

当然除了官方微博，故宫博物院旗下还开通了"故宫淘宝""紫禁城杂志""故宫出版社"等众多微博账号来进行不同功能不同目的地宣传，形成微博故宫矩阵，向专业化、组织化发展。其中"故宫淘宝"作为故宫文化服务中心官方微博，主要进行故宫文创产品的推广，较为出名的有皇帝反差萌系列，故宫胶带和故宫口红。其语言时而庄重正经，时而诙谐幽默；配图时而精美细致，时而风趣活泼，颇受粉丝追捧，也因此积累了好口碑和高人气。

其他值得一提的是，在吸猫现象盛行互联网的当下，故宫博物院还特地为故宫中的流浪猫们开通了微博，实时向粉丝报告它们的近况，一下就抓住了爱猫人士的心，同时也能吸引更多的人不远万里地来参观故宫以及故宫里的那些"御猫"，这也从侧面促进了故宫品牌文化的传播。

（2）微信公众号含推广宣传、售票和微店等多功能传播

2012 年微信推出"微信公众号"这一功能，从它推出后就将微信这一私人的社交工具拓展成了具有公开性、公众性的信息平台，微信公众平台也就开始有了媒体传播的属性，很快成为了各媒体组织进行新媒体模式传播的试验场。公众号经过几年的不断改版，开通并打造官微早已成为媒体、企业及机构等进行新媒体运营传播的首选举措。同样以故宫博物院为例，其早就开通了"微故宫"为官方账号，用来发布关于故宫的实时新闻或各类专题，比如从 2019 年 1 月初起"微故宫"就陆续发布了"紫禁城里过大年"的专题推送，介绍并宣传了故宫将在过年期间举办展览，挂宫灯，聚集各地"中华老字号"，邀请人们来故宫体验传统过年的味道，弘扬传统节庆文化，让传统节日活起来。此外，公众号还运用故宫全景、H5 等形式进行宣传来吸引用户。故宫博物院利用微信公众号依靠微信为平台，用户量大，黏性高，能获得更为活跃和有价值的粉丝群，传播的有效性也就更高。

故宫博物馆除了一个官方账号，另外还开通了票务服务、文化创意馆、故宫书店等三四个层级的账号来拓宽传播渠道，分为文化传播，售票，周边贩卖，呈现矩阵式发展格局，能将用户需求进行细分，用户可以根据自己的喜好选择相应公众号关注，以此更便捷、更准确地提供服务。而关联小程序，微店功能的增加则使公众号脱离独立运营模式，促进各账号之间相互引流，提高阅读量转发量。

（3）博物馆文创产品在微视频（以抖音为例）的推广

微视频是个体通过手机等多种视频终端拍摄，上传互联网进而播放共享的短则 30 秒，多到 20 分钟左右的内容广泛、形态多样的视频短片的统称。"短、快、精"、大众参与性、随时随地随意性是微视频的最大特点。抖音于 2016 年 9 月上线，是一款可以拍短视频的音乐创意短视频社交软件，2018 年抖音国内日活跃用户突破 2.5 亿，两岁多的抖音正在成为国民级短视频产品。故宫博物院文化创意馆顺应抖音的热潮，也在里面开通了账号，运营内容主要是以动画形式介绍推广故宫文物及周边产品，生动形象，趣味十足，简短的几个视频就已吸粉 3 万，点赞 2 万，传播速度较快。由于抖音视频推荐具有一定随机性和个性化，谁都可能刷到同一个视频，观看、评论、点赞后系统就会推送其他同类视频，所以常常在抖音上看到一个有关博物馆的视频评论点赞后就能刷到很多同类视频或营销账号，这无形之中又为博物馆品牌文化的传播添砖加瓦了。

以故宫博物馆为例，作为世界上唯一每年接待游客超 1000 万的博物馆，故宫文化创意团队不断进行文创产品的研发，通过故宫淘宝店以及实体店，售卖精心设计的故宫产品来传播中国传统历史与文化。故宫淘宝店于 2008 年上线，目前粉丝数达 824 万，拥有故宫文具、故宫手账、故宫娃娃、故宫陶瓷等品类丰富的故宫 IP 产品，或软萌或喜庆或有趣，都深深地将网友折服，有过曾在 8 小时内售出 1.6 万单的记录，每每新品推出之际更是会被抢购一空。2017 年的故宫胶带红极一时，人们可以拿它做手账，拼贴画，还可以装饰口红，这让各大品牌化妆品有了丝古典的韵味；2018 年末又推出了自己的故宫口红，在网络上掀起一阵刷屏……这些文创产品能接触人们的生活，实用性高，趣味性强，能够满足大众的个性化需求，抓住了人们"猎奇"和"反差萌"的心态，深受网友追捧，比只能摆在角落的精美工艺品或者只有满满商业气息的产品更受人们喜欢。

经过故宫博物院官方认可的还有一家故宫博物院文创旗舰店，它较故宫淘宝晚上线，但目前粉丝数也达 826 万。2018 年末众网友朋友圈就曾被它新出的故宫口红刷屏，与此同时故宫淘宝也推出了系列故宫口红，之后就产生了微博上的"一支口红引起的嫡庶之争"等大流量热搜。这一次"病毒式营销"为两家故宫文创店积聚了不少人气，口红产品也在上线期间遭到网友们的疯抢，由此也可见博物馆 IP 的强大竞争潜力和新媒体环境下博物馆品牌文化传播的影响力。

文化是民族的血脉，博物馆是中华文化具有代表性的象征，博物院承载了部分中华文明的历史记忆和文物凭证，有责任承担起传播文化的职能。随着时代的不断发展，越来越多的人走向博物馆，博物院也借着新媒体时代的便利走向人们，通过三微一端等各种形式、各种路径在文物保护利用、文化遗传保护传承、文创产品研发上不断开拓创新，拉近历史文物与人们的距离，将传统文化、故宫文化传播给大众，吸引人们了解探索历史文物，追寻文明痕迹，获得文化认同，增强文化自信，建设社会主义文化强国。

（二）新媒体时代提升文物保护宣传效果的路径探讨

在我国精神文明建设中，文物保护的作用至关重要。积极开展文物保护宣传工作，可促进我国社会发展。在文物保护中引入新媒体拓展宣传渠道，可促进文物保护宣传效果的提升，帮助公众树立文物保护意识。文章在分析文物保护宣传当代价值的基础上，探索了新媒体时代下文物保护宣传效果的提升路径。

在新媒体时代，人们随时随地都能够接收新信息，一定程度上丰富了人们与文物接触的途径。文物保护单位在文物保护宣传中应该积极引进微信、微博等新媒体，提升文物保护宣传效果，动员社会全员积极参与文物保护工作，帮助人们了解文物保护的重要性与必要性，内化于心、外化于行，传承好优秀传统文化，保护好民族记忆。

1. 文物保护宣传的当代价值

文物保护宣传工作是坚定民族文化自信、做好文物保护工作的必要环节，是增强公众文物保护意识的基础性工程。文物是一种载体，将中华民族长久以来积累的文明记忆承载在内，各种神秘图腾向我们呈现了先辈的经历与认知。从广义来说，文物保护是以可移动的文物和不可移动的遗址为主要对象，物质与非物质文化同样包含在内。因此，从物质性方面来看，针对流传于历史的遗产，我们需要做好保护工作；而从精神层面来看，保护只是一种手段而非目的，我们不能将文物束之高阁，应该通过保护实现文化精神的传承，依托文物保护宣传工作，发挥历史文物应有的价值与作用，"活化"中华民族长久以来沉淀的文明。

2. 新媒体时代文物保护宣传效果提升的途径

（1）建立新媒体管理机制，加强宏观调控

在新媒体时代，新闻舆论逐渐体现突出的作用，尤其是新媒体的利用，使文物保护宣传的途径更为多样化。文物保护单位依托新闻媒体进行文物保护宣传教育，能够有效提升宣传效果，帮助公众树立文物保护意识。因此，相关部门和单位应建立健全的相关工作制度，构建有效协调的宏观调控新机制。首先，应及时关注新闻热点，分析网络舆情研判，开展网络新闻宣传和网络评论，同时对网络信息进行严格审核，及时整合、甄别网友发布的信息，以免出现不良或错误信息大范围传播的情况。其次，组建高素质的工作队伍，调整、完善文物系统信息员队伍，培育高素质的新闻通信员、舆情监管员和网络评论员。再次，举办新媒体专业培训，提高工作人员危机处理、舆情分析及信息甄别的能力。最后，与公众密切交流、互动，邀请专家、领导开展专题讲座或讲话。除此之外，还可结合国际博物馆日、文化和自然遗产日等重要节日，推出类似于"澧县文物——国保单位专题展览""文化遗产传承——陶艺制作"等活动，同时积极配合新华社、中央电视台、《中国文化报》等媒体组织的采访活动，及时回应社会关注的突出问题，巧妙融合博物馆专题展览、手工体验及新媒体，引领公众积极参与文物保护活动。

（2）结合"互联网+"，创新宣传手段

当前，互联网发展十分迅猛，在热点技术的运用下，可将新媒体宣传服务体验进一步优化。例如，当前的VR技术已经实现了质的提升，在文物遗产导览宣传服务中可以引入VR技术。以澧县全国重点文物保护单位余家牌坊为例，我们将牌坊的整体结构、雕刻工艺等通过VR全部呈现，同时还对牌坊的建造工艺进行模拟演示，观众在家中就能观看文物，还能更深刻地了解文物，为观众带来身临其境的感受。我们还360度拍摄城头山遗址视频，通过可体感交互设备，为观众展现遗址。在VR技术的支持下，人们可以走进历史城池体验消失的文明，观览建筑及场景，还能尝试做陶罐，仿若化身为"古人"。通过线上虚拟空间的运用，使人们的文化认同感和参与感进一步增强，加快社会文物保护工作氛围的形成。

在文物保护宣传活动中，利用支付宝抢红包这个时下流行的功能，围绕文物保护设计专用于红包口令的宣传标语，通过官方微博平台定期向外发布，人们只要在支付宝中将红包口令输入即可获取红包，这样一来能够大幅度提高宣传范围。人们在线下用支付宝AR扫描活动抢红包，同样能够提升宣传效果。通过实施线上线下相结合的互动式传播方式，能够吸引广大网友的关注度，最大限度发挥文物遗产的价值。

（3）合理挑选宣传角度，设计民生化内容

现实生活中存在大量宣传报道的素材，文物保护单位在采集现实生活素材的基础上，也需要注重创造性转化。在开展日常报道宣传时，选取真实生活场景，结合艺术手段与真人真事推出纪录片，扩大宣传范围与效果。此类方法取得了较为良好的成效，有助于全社会浓厚文物保护氛围的形成。如中央电视台推出的纪录片——《我在故宫修文物》，单从内容题材方面就能吸引人们的眼光。

该片承载的历史文化内涵相当丰富，采用与人们日常生活十分贴近的场景和生活中的细节，整体画面以普通人的角色为主，有效激发了公众的审美共鸣，顺利达成了公众文物保护意识的树立与培养目标。该纪录片尽管只有三集，然而却清晰地呈现了师傅们修复故宫文物的各个细节，将原本观众几乎无法观察到的文物修复直接呈现在其眼前，营造了神秘问题熟悉化、陌生问题生活化的场景，满足人们对神秘事物探索的心理。《国家宝藏》也是一部宣传文物保护的典型纪录片。在明星、文博工作者、志愿者等"国宝守护人"的努力下，借助网络传播媒体的强势传播，对全社会构成了积极影响。值得一提的是，观看这类宣传纪录片，能对观众产生潜移默化的记忆唤醒作用，可帮助观众树立文物保护的意识，使其自主参与文物保护工作。

（4）建立健全文物保护宣传教育体系

《中华人民共和国文物保护法》是我国开展文物保护工作的主要依据，是支撑文物保护工作的根本性法律。文物保护宣传教育体系的建立与健全，理应围绕《中华人民共和国文物保护法》进行，鼓励全社会积极参与。具体而言，首先应由各级政府及文物保护单位牵头，推进管理体系的统一构建，明确各部门职能，并以实际工作为依据合理划分具体工作，避免工作中有矛盾产生。而在工作开展期间，应以各自区域实际情况为根据，因地制宜，定期总结并反思工作，带动落后，鼓励先进；其次，加大文物保护工作体系完善力度。由于文物保护工作具有综合性，且内容琐碎复杂，工作人员若是不足就无法完成高质量、高效率的工作。此时，领导、各级组织及广大干部应当引起重视，注重文物保护工作人员积极性的激发，鼓励他们努力进行工作方式的创新，依托宣传教育促进文物保护工作有效开展；再次，构建文物陈列展示结构及宣教管理系统，以便更合理地统计博物馆中文物安全性与游客流量间的关系，以各文物实际状况为依据，采取现代化信息技术合理地优化改进文物保护管理模式；最后，组建专业水平高且思想觉悟高的文物保护宣传教育队伍。在打造队伍筛选成员时，需保障他们经过专业文物保护技能培训，熟知国家相关政策及法律法规。此外，应围绕文物保护宣传教育定期或不定期开展学习培训，促进宣传教育工作人员的理论素质及实践能力的不断提升，最大限度满足文物保护宣传教育工作的需求，促进保护宣传效果的提升。

文物保护宣传工作具有高度复杂性、长期性，其社会意义相当重要，所以文物保护单位需要提高对文物保护宣传工作的重视程度。当前的各大博物馆，应通过对新媒体时代各类现代化技术的充分运用，灵活组织社会各界力量，全面开展文物保护宣传工作，增强公众文物保护意识，为文物保护工作的顺利开展提供保障，为社会主义精神文明建设奠定基础。

通过新媒体传播，博物馆摆脱了传统媒介时效低、速度慢的缺陷，能够快速有效地向公众传达各种信息，扩大辐射面，双向性特征让公众不再是单纯的消息接收者，而能采用个性化的方式与博物馆交流。但是，博物馆新媒体的发展并非畅行无阻，很多潜在问题已经显露，各种内外因素对其进一步发展产生较大影响，如何应对这些问题也值得我们深思。

（一）博物馆新媒体面临的问题及产生因素分析

1. 新媒体的发展变化难以预测

2011 年，微博用户突破 1 亿，微博的发展迎来了真正的爆发期，各大博物馆在这股热潮的推动下，纷纷注册了官方认证账号，它们活跃于微博社交中，让人们眼前一亮，快捷、即时的信息发布方便观众获取第一手资讯，加之形象亲民，为它们积累了一大批粉丝。2011 至 2013 年，微博的火热发展带动了博物馆微博的持续升温，博物馆界的"微博热"甚至引起社会的关注和学术界的讨论，在这期间，读秀网上查阅到的相关期刊文章达到 150 篇以上，2012年最为集中。2015 年 1 月，中国互联网络信息中心（CNNIC）发布了第 35 次中国互联网发展统计报告，截至 2014 年 12 月，我国微博用户数为 2.49 亿，较2013 年底减少 3194 万，手机微博客用户数为 1.71 亿，相比 2013 年底下降2562 万，使用率均在下降。事实上，2013 年便已经是微博发展的转折点，用户大幅下降，发展并不乐观。博物馆微博受此影响，从 2014 年开始，不少博物馆停更微博，或是不再定期维护。2014 年的《中国社会舆情年度报告》（以下简称《报告》）引用资深互联网评论人士谢文的言论来解释微博失去人气的原因：第一是由于 2013 年下半年后，微博受到了比较严厉的监制；第二是微信的冲击；第三则是因为缺乏创新，用户体验变差。随着微博的发展进入稳定期，一些营销账号、僵尸账号的主动或被动消失，可能是微博用户下降的重要因素。《报告》还进一步指出："微博面临的问题是社交媒体的定位属性。"首先，名人马太效应明显，社会话语权的差距加大，普通人的曝光量低，用户容易产生厌倦感；其次，微博上的暴戾之气过重，站队、人肉流行，社交氛围越来越差；再次，营销泛滥，原创内容缺失，中坚用户不断流失。

与之相比，具有强社交关系的微信掌握了移动端的用户入口，2013 年 11 月 13 日，腾讯公布第三季度财报，截至 2013 年 9 月 30 日，"微信"和"We Chat"的合并月活跃账户数达到 2.719 亿，微博的流量明显被微信分流，大量用户和开发者迁向微信。在这种趋势之下，国内博物馆将目光转移到微信上，使其成为新的信息和技术载体，既符合了社交媒体发展趋势，又受惠于微信优于微博的传播与互动方式，直至目前，博物馆的微信公众账号已经多于微博账号。微信公众号的红利期也并未长久持续，2016 年，微信公众号"井喷式"增长的时期已成过去式，打开率和阅读率出现明显下滑，用户的增长速度减缓，关于探讨其发展困境的期刊文章在 2016 至 2017 年间激增，唱衰微信公众号的声音越来越多。有学者较为全面地分析了困境产生的原因：内容质量良莠不齐，同质化严重；公众号产品本身存在问题，用户体验有待提高；公众号开通门槛过低，消耗了用户热情；竞争对手过多，"信息轰炸"使用户应接不暇；"碎片化阅读"与"深刻内容"之间的矛盾；人们对于移动互联网也开始产生了抵触情绪。根据 Quest Mobile（中国专业的移动互联网商业智能服务平台）在 2018 年 1 月公布的《2017 年中国移动互联网年度报告》显示，2017 年中国互联网的用户活跃度逐月递减。即便如此，微信是中国用户数最多的 APP，在出现替代产品之前，微信公众号依旧是博物馆的主场地。

2017 年初，《财新周刊》发表了一篇名为《微博复苏路径》的文章，文中指出，2015 年微博开始转亏为盈，用户也有回流之势。从 2015 年视频应用走红，短视频和直播成为带动此轮微博复苏的主力。笔者也在统计中发现，一些"废弃"多时的博物馆微博开始重新更新，如停更于 2014 年的沈阳故宫博物院和停更于 2016 年的吉林省自然博物馆在 2017 年都已经恢复更新。在其他媒体形态上，博物馆的境遇与上述情况相似，博物馆集中开发并上线 APP 的时期已经过去，轻量化的小程序开始显露强大的势能，有一些几乎已经能够承载 APP 的功能，用户对小程序的使用习惯逐步养成，使用趋势稳固上升，原本下载量堪忧的 APP 再次受到影响；当线上导览已经被观众司空见惯之后，掌上 AR、VR

技术更能吸引他们的兴趣；用户阅读习惯发生改变，图文阅读量降低，短视频和网络直播的点击率在持续上涨。正是新媒体产品的更新和技术的变革令博物馆新媒体的发展往往缺乏方向性和确定性，若反应速度不及时，投入了大量的人力、物力，则有可能导致错失风口，造成效果贬值。对新兴新媒体形式认识不够深入的话，也会导致博物馆跟不上潮流变化，流失大量粉丝或用户。可以说，博物馆新媒体受限于整个新媒体大环境，这使博物馆的选择行为增加了风险。各种新媒体形态的起伏不定说明了博物馆不得不依赖于新媒体的发展寻求自身位置，但是也有特例，如故宫博物院和上海博物馆的微博粉丝数、微信文章阅读量并未受媒体趋势影响，始终呈现快速增长，然而这种情况毕竟是少数，它取决于博物馆强大的综合实力。

2. 新媒体的传播效果隐微

新媒体交互性、移动性、实时化、个性化的传播特性使其传播效果在传统媒体之上，但是仍有许多博物馆没有发挥出新媒体的传播价值，导致传播效果并不理想，尤其在社交媒体上的表现欠佳。截至2018年3月，开通微博并发布过信息的177个一、二级博物馆账号中，粉丝数低于5000人的有96个，占总数的一半以上，其中不乏一些省级博物馆，如青海省博物馆、江西省博物馆、吉林省自然博物馆、山西省民俗博物馆、山西省艺术博物馆等。即使达到了十万粉丝级别，许多博物馆的微博相关数据依旧寥寥可数。从转评赞相关数据中可看出，这些博物馆作为信息发布者，信息辐射面和传播量都极为狭窄，可想而知，其余粉丝数更少的二、三级博物馆的情况会更加糟糕。近两年，为加强博物馆影响力，新浪微博与多家一、二级博物馆多次积极合作开展"博物馆直播月"活动，数据显示虽然博物馆粉丝数有所增长，但在文博领域之外的传播力有待提高，没有达到博物馆宣传教育的目的。

3. 博物馆的资源有限

我国博物馆存在着资源严重不均的情况，藏品、展览、人员、场地、资金、图书资料、学术成果等方面与博物馆新媒体的开发拓展关系密切，尤其是以下三个方面严重阻碍了博物馆新媒体的制作规模和未来发展。

（1）藏品的缺乏。博物馆藏品是博物馆的灵魂所在，藏品的征集与保护是博物馆得以充分发挥社会功能的基础，也是博物馆新媒体发展的基本保障。在我国博物馆中占比较大的中小博物馆因区域经济、文化发展水平滞后，或因工作人员专业素质及技能的缺乏，或因思想理念和行为方式的陈旧等原因，使得藏品征集与保护工作的开展被严重制约，进而会影响博物馆新媒体的普及率。此外，由于博物馆之间的合作机制不健全，藏品资源的配置难以发挥最佳效用。具体表现为两方面，一方面是中央级和省级博物馆的藏品淤积，很多精品文物长期存放库房，耗费了大量的保管和维护成本，而一些中小博物馆却只能依靠基本陈列，难以推陈出新；另一方面是博物馆的很多馆藏文物脱离了其文化母体地区，成为游离于该博物馆主题之外的落单藏品，很难被展出。精品文物罕见、展览活动有限、研究成果不足等问题难以赋予博物馆以传播亮点，而且，并不是所有的藏品都适合与新媒体相结合，那么哪怕技术到位，也会无从下手。

（2）专业人员的缺乏。新媒体是互联网与媒体相结合的产物，它既是一种运营工具也是一种技术载体。当它作为运营工具时，涉及了很多有关传播学、社会学、营销学甚至心理学的专业知识，因此新媒体运营无疑是一项细致的工作，每一个环节都环环相扣，一点细小的差错便能看出对方是否具有新媒体运营的能力。例如对于微信文章来说，一个好的标题起到了至关重要的作用，要在一秒钟之内让你的标题能被读懂，为其增彩的方式可以是利用名人效应、总结某个领域的知识、设置悬念、追热点、制造矛盾、戳中用户痛点等。纵观博物馆的微信文章标题，类似《第一本〈博物馆评论〉出版》《"您最喜欢的博物馆"评论活动开始了！》《上城区政协领导来萧山博物馆参观考察》《长沙简牍博物馆迎新春送春联了》这样直白、单调的标题比比皆是，用户当然不会有打开看的欲望，没有掌握一定的内容运营技巧，便不知如何抓住用户的眼球。当它作为技术载体时，需要有专职人员进行技术开发、网络维护及数据保护，或者与其他公司企业合作。博物馆新媒体对文博从业人员提出了更高的要求，如果没有知识储备、运营经验、技术基础，即使手握优质资源，也无法有效利用。

（3）资金的缺乏。在政府财政拨款中，通常人员支出占全部预算的78%—80%，日常公用支出占20%—22%，大部分博物馆缺少稳定的、经常性的业务收入，面临着巨大的经济压力，难以发展或开拓新媒体业务。近年来，虽然政府对博物馆建设方面加大了投入力度，但各地博物馆仍处在经费紧张不足的阶段，作为国家全额拨款的事业单位，博物馆的所有收入都要上缴，这就像是吃"大锅饭"，严重降低了博物馆自主筹措资金的积极性。据南京科举博物馆的相关负责人介绍，建馆之初，提出过很多应用新媒体技术来增加科举历史趣味性、提升观众参观体验的构想，但考虑到新媒体长期的运营和维护成本较高，技术的引进需要大量资金投入，且未来效果和观众接受程度无法预测，最终都不了了之。

另外，自由开放的网络环境带来知识产权侵犯和网络舆论压力的问题。随着网络数字技术的发展将文物资源的开发、利用、管理、保护等带入了网络时代的新纪元，同时也对文物相关知识产权提出了一系列新的问题。通过新媒体手段将博物馆的文物展品暴露于网络环境下，其相关知识产权的形态则更加多样化、复杂化。一方面网络技术的发展丰富了文物展品的内容和利用方式，创造出了更大的价值；另一方面文物在网络环境下的复制行为、传播行为甚至使用行为，并不在博物馆的管控范围之内，因文物展品引起的法律关系也就更复杂。网络舆论放大了社会问题，网友能够通过各种传播平台了解到方方面面的社会问题，这些问题由于开放、共享、自由的网络环境，引起人们的关注和评论，从而形成一定的舆论倾向，网络影响力大的博物馆甚至会成为文博界的"领袖"，影响社会认知。正确的舆论倾向对社会问题有监督和导向作用，而错误的舆论倾向则放大了社会问题，若公众没有遵守网络规范行为，传播错误信息，加之当今急速的传播速度，则会造成管理上的负担。

那么与之应对的新媒体下博物馆发展的对策又是什么呢？

1. 树立以服务大众为出发点的互联网思维

在博物馆长期发展历程中，文物藏品的征集、保护、研究和利用始终是博物馆的核心工作，20 世纪 80 年代，博物馆界曾掀起从"物"向"人"转变的讨论，为社会发展服务成为博物馆界的普遍共识。在人们生活质量不断改善的当今社会，关注自身精神生活的人群比例越来越高，崇尚文化品位的欲望逐渐增强，引发了博物馆热和文化遗产热。同时，大众旅游带动了博物馆的文化消费，2018 年春节期间，故宫博物院共接待观众 50 万人次，日参观人数几欲"触顶"；中国国家博物馆和南京博物院的日均参观人数超 3 万人次；广东省博物馆共迎来 6.83 万人次入馆参观，较 2017 年同期的 5.38 万人次净增 27%。可见博物馆在社会生活中扮演着重要角色，文化服务和教育功能愈发突出，博物馆应加强公共文化服务机构属性，更好地满足公众教育和文化消费方面的需求。

随着博物馆与新媒体开始结合，博物馆更要转变一直以来"以物为导向"的做法，而应考虑新媒体"以人为本"的传播特质，既要树立服务大众理念，尽可能地让更多的文物与观众见面，挖掘文物藏品价值，优化藏品资源配置，积极分享中国优秀的传统物质文化，让文物能真正"活起来"；又要树立互联网思维，与时俱进，运用新媒体手段深化博物馆的服务功能，两者缺一不可。

（1）树立"服务"理念。我国博物馆一直致力于丰富人们的精神生活，提升人们的文化素养。郑振铎先生认为："新中国的文物工作，应该有与旧中国完全不同的认识与方式：那就是不能把文物、图书看作'孤立'的、脱离人民群众的东西，而是必须把它们和人民群众的实际生活联系起来。不能把博物馆、图书馆办成静止的、消极的文物、图书的保存单位，而是应该打开大门，面向群众，为他们服务，对他们进行宣传和教育。"在故宫博物院院长单霁翔看来："今天的博物馆仍然是比较封闭的机构，难以真正实现与社会的有效互动，与开放、共享的时代潮流不相适应。博物馆必须在服务理念、服务内容、服务方式、服务制度、服务载体和服务态度等方面积极进行探究、创新和实践。"他曾指出，故宫博物院有 70% 的范围都是非观众区，99% 的藏品都沉睡在库房里面，根本看不到，一个文化机构利用自己的文化资源，究竟给人们贡献了什么，或者说游客的一次文化之旅究竟获得了什么，这才是最重要的。新技术、新手段、新机制成为了古老故宫在当代转型的关键要素。在单院长大刀阔斧的改革下，故宫博物院不仅在文化传播上卓有成效，也成为了中国博物馆新媒体的领头人，赢得了国际声誉。还有一个典型案例便是中国国家博物馆，2012 年 7 月，中国国家博物馆建馆一百周年之际，时任中央政治局常委的李长春同志出席纪念大会时，将中国国家博物馆的"四个立馆"——人才立馆、藏品立馆、学术立馆、业务立馆改为人才立馆、藏品立馆、学术立馆、服务立馆，将"服务"提升为国家博物馆的立馆基石。中国国家博物馆新微博获得 2011 年中国政务微博客综合排名第八名，成为唯一一家进入前十名的文化单位微博；中国国家博物馆腾讯微博在 2013 年被腾讯网评为"2012 年度十大最具影响力政务微博"。中国国家博物馆新媒体在发展之出就已经取得了如此影响力，与其"服务立馆"理念密不可分。

（2）树立互联网思维。互联网思维是第三次工业革命的先导理念，是当代高科技与文化创意跨界融合实践的新思维方式，是科技革命时代中范式变革的必然成果。互联网思维对博物馆更好地实现社会服务功能具有借鉴意义，它包括用户思维、创新思维、社会化思维等。在用户思维影响下，博物馆应当采取分众化传播，这是由博物馆观众的不同层次所决定的。如今身处大数据时代，信息传播观念需要变革，博物馆必须适应新的信息生产和传播方式，探索为观众提供分众化信息服务的媒体发展之路，通过新媒体数据的采集、监测和分析更好地了解观众需求；在创新思维影响下，博物馆应该打破僵化模式，让服务理念和服务手段做到与时俱进。同时，在某一个新媒体出现热度之时，冷静思考，寻找最适合本馆的方式；在社会化思维影响下，博物馆新媒体应深入社会生活，随着社会生活和观众需求的变化而变化。

2. 打造面向社会需求的新媒体精品内容

2018年国际博物馆日的活动主题定为了"超级链接的博物馆：新方法，新公众"，近年来，博物馆界一直在强调博物馆与公众的沟通与联系。传统媒体与新媒体的内容差异明显，前者保守，后者开放；前者的模式已经固定，受限较多；后者在信息网络的催生下已经形成内容产业，向着多元化发展。博物馆新媒体作为一种文化传播工具，其核心价值是内容本身，这才是信息传播的关键。用户的注意力资源是有限的，能够将这种稀缺资源凝聚起来的"注意力产品"的价值就越高。那么就亟须发掘博物馆与人们之间的联系，寻找两者的契合点，吸引观众的关注，重视观众的体验和感受，无论是内容生产还是技术开发，都要考虑观众的角度，将"以人为本"作为博物馆新媒体的出发点和落脚点，只有这样，博物馆新媒体才能广受欢迎，成为精品内容。通过线上线下同时引流，让参观过的观众不至于脱离博物馆新媒体，让未参观的用户成为博物馆的潜在观众。为此，可以从创新性、趣味性、多元化、内涵化、个性化这五个方面进行尝试。

（1）创新性。所谓创新的表现小到一篇图文的形式，大到一种技术的开发，不论是细节把控还是宏观统领，都能成为创新博物馆新媒体的切入点，时刻关注网络动态，擅于将其他行业领域的新尝试引用到博物馆的服务运营上来。首先，可以创新形式，对历史文化知识的平铺直叙容易让人感到单调乏味，未此可适当增加动画、GIF、手绘、条漫、短视频等形式，同时根据新媒体平台各自的特点投放与之搭配度最高的内容，以达到最好的展示和传播效果。如湖南省博物馆的《汉代穿越指南》手绘科普微视频、敦煌研究院的《岁时节令》二十四节气动态图、故宫博物院《穿越时空来看你》H5、中国国家博物馆用喜马拉雅FM制作讲解音频；其次，可以创新技术，如在展览中使用智能穿戴设备，使普通的展览变得与众不同。首都博物馆曾在2016年的妇好墓展览上设置了VR体验区，只要佩戴VR眼镜，就可以360度全方位体验妇好墓的不同发掘层。虽然画质略显粗糙，很难达到"身临其境"的感觉，但在观感上新鲜了很多，也离"考古现场"更近一步。最后，可以积极尝试跨界合作，实现"文博+"模式。2017年6月，恭王府推出"锦绣中华——中国非物质文化遗产服饰秀"系列活动，8场服饰秀分别以"水墨姑苏"（苏绣）、"朝花夕拾"（宋锦）、"千年之约"（香云纱）、"度兮——清风徐来"（24节气）、"绣梦"（黔西南）、"雅致东方"（莨绸）、"京韵"（京绣）、"中国嫁衣"（潮绣）为主题在恭王府与观众见面，NE•TIGER（东北虎）、楚和听香、度兮、依文、雅致东方、DRita、名瑞等多家国内知名服饰品牌及其设计团队，以当代设计介入传统工艺，联袂带来非物质文化遗产与现代生活紧密结合的创意秀场。此次活动各类新闻报道和转载量超300条，光明日报、光明日报、脸书（Facebook）专页进行了7场覆盖海外网友约270万人次的直播活动，直播视频播放量36万次。央视新媒体、光明网直播、东方直播等平台进行全程直播，覆盖网络观众近2000万人次。

（2）趣味性。除了展讯、讲座、文物知识普及等常规内容，也应编选大众喜闻乐见的内容，拉近与大众的距离。使用当下流行的网络热词和表情包，了解年轻人的行为爱好，吸引更多的年轻群体，增加他们对博物馆的兴趣；运用新媒体手段实现博物馆的寓教于乐，推出新媒体教育平台，让孩子们沉浸于历史文化的海洋中。就以"标题的趣味性"来说，如浙江省博物馆微信公众号的文章标题，首先在栏目命名上运用谐音让人眼前一亮，"浙个靠谱"是用轻松幽默的写作方法介绍文物知识或是描述博物馆工作状态；"旁征博引"是介绍浙博文物的学术文章，较为严谨；"浙湘有礼"是推广浙博文创产品。另外，标题简洁，用语戏谑，《乾隆：朕要给你点颜色瞧瞧！》《你的小长假被浙博承包了》《皇上，您还记得西子湖畔的文渊阁吗》…这种事半功倍、以小博大的做法使其在同类文章中被明显区分开来。再如徐州博物馆在哔哩哔哩弹幕网开设专栏，科普文物命名中常见的生僻字；南京博物馆将馆内的裸展文物图片配上台词和表情，呼吁观众文明观展；在西安半坡博物馆建馆六十年之际，把当下大热的"旅行青蛙"中的游戏角色添加在西安半坡博物馆的代表文物图片上，等等。可能有人会认为，"趣味"与博物馆的格调不搭，其实"趣味"并不意味着低级或者庸俗，它是严肃历史的另一种表达方式，只要与本馆结合恰当，又不盲目附庸网络，就能找出一条折中的道路。

（3）多元化。除了与本馆相关的内容之外，还要将范围扩大至中国的传统文化层面；除了国内文博信息之外，还要关注国外最新文博行业资讯，如湖南省博物馆将美国博物馆联盟的《博物馆》杂志进行编译之后发布在微信公众号上，还单独开设了"湖南省博物馆英文小编"微博账号，发布馆译资讯；在开发中文网站或应用的同时，增加英文版面或国外发行版，做到对内引进前端内容，开拓视野，对外输出文化软实力，提高文化感召。如中国国家博物馆的官网提供了除中英文之外的日语、韩语、法语等190种语言；上海博物馆在微信公众号上添加了"I Love SH Museum"二级菜单，点击进入之后是英文版的展讯和导览。拔高眼界，放眼未来，打破思维定式，自然便能使博物馆新媒体向着多元化发展。

（4）内涵化。碎片化阅读和注意力写作是新媒体时代顺应而生的结果，博物馆新媒体在进行信息传播中难免受其影响，使得表达肤浅或是过于博取眼球，导致低俗化，为此应该对文物及文化内涵深入解读，既不能停于表面，又要保证信息内容的言简意赅和准确无误。以故宫博物院社交媒体平台上的内容为例，文物藏品的简介和图片来自于本院的信息资料库，在进行编辑时格外注意用语，力图以浅显易懂的方式传达最主要的文物内涵。另外，任何内容的发布都要经过三重审核，保证在发布之后不会出现任何差错。

（5）个性化。首先，通过不同的平台和账号，提供差别化、精准化的信息，类似于向用户提供个性化的内容产品定制服务，例如在微信公众号上发布适合深度阅读的文章、在微博上发布简洁明了的信息服务、将本馆电子期刊托付于第三方平台经营等。有些博物馆往往将微信发布过的内容再用微博发布一遍，这种"偷懒"的做法一是不能充分发挥平台优势，二是给用户留下不好的印象。

其次，对不同层次的观众提供不同的内容，博物馆新媒体不像博物馆展陈，一般情况下，同一个展览不会出现为满足不同观众而开设多个展厅的情况，新媒体则更具灵活性，它能针对不同年龄层或者不同教育背景的用户提供可供选择的内容。最后，鼓励内容分享，引导用户自己去创造内容，并从用户创造的内容中发现他们的兴趣所在，弥补自身内容。可采取常见的做法，如设置微博话题，引发粉丝们的讨论；鼓励转发和评论，观察用户的个人喜好等。

在打造博物馆新媒体精内容的同时，应履行新媒体内容的发布原则，例如核实来源原则、及时发布原则、客观描述原则、引用声明原则、多贴避免原则等，严谨的态度应是良好发展的保障。

除此之外，拓展内容的传播途径也很重要。内容的优质保证了信息得以广泛传播，传播的成效又为优质内容的持续生产提供了动力。为了加强传播效果，可以从途径增加和途径融合两方面来进行。途径增加即进一步扩张新媒体途径，它带给用户的不单是快捷，更是方便的体验效果。社交媒体方面，除了微博、微信之外，可入驻知乎、即刻、豆瓣等；音视频媒体方面，既可以开发官方的音视频栏目，也可以在哔哩哔哩弹幕网、喜马拉雅FM等特色网站上传音视频节目；电子刊物方面，可提供邮件订阅服务、尝试在Kindle等电子阅读器领域上架。融合媒体即将新媒体和传统媒体互动融合，如传统媒体的沉浸式阅读结合新媒体的碎片化阅读、新媒体将大众的兴趣点引申到传统媒体上，总而言之就是运用好两者各自的优势为博物馆服务。

3. 优化用户体验，增加双向互动

博物馆新媒体同样作为新媒体市场的一部分，应当以专业眼光来看待，除了丰富内容、创新形式、拓展传播渠道之外，也要具备用户运营意识，提升用户的活跃度，后期积极维护，防止用户流失。可从优化用户体验和增加双向互动两方面切入。

（1）优化用户体验。新媒体是一种"以人为本"的媒介，它直接面向于信息接受者并能快速得到反馈。博物馆新媒体在努力为用户提供专业化、个性化的文博资讯的同时，还要注重用户的参与体验。例如：在移动端媒体中添加交通导航、实时定位、天气查询、周边查询等增值服务，这些细节考虑会轻易提升用户的好感度；故宫博物院在"微故宫"公众号上将参观服务集中展示，暂停开放公告、乘车指南和淡旺季开放时间等内容都一目了然；湖南省博物馆在公众号中添加线上论坛，用户点击进入之后可以直接发表文字和图片，也可以点赞和回复其他人的评论，给观众们提供了一个相互交流的入口；苏州博物馆APP将活动、展览、导览和博物馆简介设置在首页，方便用户查看，其中导览极为详细，用户可以根据需要选择路线导航，厕所、服务台、休息区等地点也可以一键导航；及时修理维护新媒体设备，提供技术保障；保护用户的信息安全，不泄露、不被篡改……以上所列举的都是与用户体验相关的做法，这需要在长期的观察、数据分析和用户反馈中不断调整。

（3）增加双向互动。传统媒体信息传播的方式是单向的、线性的、不可选择的，而新媒体传播方式是双向的，它能够消解博物馆与用户之间的边界。博物馆要对社交媒体上的评论、留言做出快速回应，也可主动设置在线答疑时段或增加线上留言板，时常转发并评论观众的微博。积极开展线上活动，增强与用户之间的互动性，进而提高用户黏性，如转发微博可抽取博物馆文创、参与投票可免费申领参观券、留言微信文章可获得活动名额……丰富多样的线上活动能够吸引用户主动参与，为博物馆新媒体增加活力。

4. 丰富博物馆资源，整合资源开发

博物馆新媒体的发展以博物馆自身资源为基础，包括藏品资源、人员资源、资金资源等。新媒体发展的基本保障需要博物馆提供丰富的资源，而长期维护则需要将多种资源充分利用，合理开发。

（1）提高藏品的数量和质量。充实和完善博物馆藏品体系，对需要征集的文物做出统筹规划，从客观实际出发，加强社会合作，采取有效措施，有计划地组织文物征集，不断充实馆藏，并对收集到的藏品进行深入研究和充分利用。建立博物馆合作交流机制，通过馆藏、展厅等打造博物馆间的资源共享平台，促进文物藏品资源的合理配置。

（2）优化用人机制，加强部门人员之间的协作配合。一方面，博物馆在用人机制上，需引进新媒体人才，培养专业人员。博物馆在对外招聘时，可以让专业门槛不局限于文博、历史、考古等专业，适当增加新闻传播、新媒体类专业。对馆内的新媒体运营人员进行专业培训，邀请行业人物传授经验，为馆内工作人员增加进修、继续教育的机会，保证博物馆新媒体运营的与时俱进，促使博物馆新媒体的水平得到充分发挥；另一方面，加强部门人员之间的协作配合。新媒体涉及多个学科知识，对此不同专业领域由不同部门的工作人员负责提供，如展陈部提供展览信息，宣教部提供活动信息，资信部提供展品高清照片、拍摄短视频、开发新技术，最后再进行整合。虽然存在耗时长的可能性，但是保证了内容的质量，在制作流程和管理流程上实现了初步的融合。不过最佳情况是，能专门成立新媒体运营小组，并提供专项经费。

（3）整合开发新媒介资源平台，增加资金收入。博物馆作为非营利机构，不能仅仅依赖政府投资，国内博物馆可借鉴国外博物馆管理理念，如美国史密森尼博物馆作为华盛顿杰出博物馆，其每年自主支配的资金中，多半来源于其经营收入、私人捐赠，而政府拨款被严格规定为对应藏品的保护、日常管理的基础费用支出，深入研究、开发设施等需要借助博物馆自身补偿；大英博物馆通过授权的方式和许多制造商合作，从设计、制造到营销，形成了一套完整成熟的产业，艺术衍生品年营收高达两亿美元；纽约现代艺术博物馆把纪念品商店打造成一个兼具设计和艺术的品牌，不仅有本馆研发的产品，许多设计师的跨界产品都可以在这里买到，来自商店的零售收入占据博物馆总收入的三分之一。国内博物馆传统的收入来源主要有门票、导览、非正式学习、策展、支援文保工作等，之后可加大博物馆纪念品店、网络销售、授权其他机构生产和博物馆有关的商品等方面，借助旅游产业的热度，积极探索新媒介资源平台的整合开发模式，扩展博物馆业务，设计盈利模式。例如探索在照片库、电子商务、数字发行、知识付费等领域如何增加收入，或是将线上宣传与线下体验相结合，从会员会费、活动费用、线下商店中给予补贴。形成政府拨款、社会捐赠、专项基金、自己创收等多元化的资金来源渠道。据《艺术市场》杂志的报道，2016 年 12 月，全国 4526 家博物馆，被国家有关机构认定具有文创产品开发能力和产业规模的有 2256 家，而其中实现盈利的，只有 18 家，不到 1% 的比例，因此博物馆文创还存在很大的开发市场。

5. 完善合作机制，发挥联动优势

（1）博物馆之间的资源共享。一是加强博物馆之间文物资源的合作共享。建立健全的博物馆交流合作机制，使其他文物收藏机构的文物藏品能够为我所用，这样既节约了保管成本和使用空间，又能实现文物资源的有效配置。2018

年 4 月 1 日，在中国国家博物馆举行了"新时代新气象新作为：全国博物馆馆长论坛"，中国国家博物馆与故宫博物院、首都博物馆、天津博物馆、河北博物院，与中国社会科学院研究生院签署了战略合作协议，以探索建立长效合作机制。这一次的强强联手，有利于促进藏品借展和重要展览的巡展常态化，让文物流动起来；有利于打造各地博物馆之间的资源共享平台，共同促进全国博物馆的交流与合作；有利于中国传统文化在博物馆中获得更好的展示，提升国家文化软实力，增强文化自信。二是加强博物馆之间关于新媒体经验的交流沟通。在新媒体应用上较为成熟的博物馆，可以为其他博物馆提供经验分享；在社交媒体上影响力较大的博物馆，可以以"提携"的方式增加其余中小博物馆的曝光度；想要取得进一步成效的博物馆，应主动模仿、学习其他博物馆案例，做到为我所用。通过以上做法形成博物馆资源的优化配置与共享。2017 年底召开了"文博新媒体发展论坛"，在论坛上成立的"文博新媒体矩阵"意味着博物馆新媒体之间的联系变得更加密切，凝聚力增强，今后可以以"媒体矩阵"的形式开展线上线下活动，互相调动彼此之间的粉丝群和用户群，形成"以大带小、以多带少"的格局，为新媒体的下一步发展带来契机。

（2）博物馆与企业公司之间的跨界合作。博物馆不应故步自封，要积极"引进来"和"走出去"，运用企业公司的高新技术，吸取它们的商业思维，最终变文化资源为文化资产。已有不少博物馆在与企业公司的合作上取得了良好成效。如故宫博物院合作的公司包括日本凸版印刷、腾讯、阿里、搜狗输入法等，项目涉及数字展览、儿童教育、游戏、文创等多个领域，打造文化 IP，将产品渗入到人们生活的多个方面；湖南省博物馆新馆建成之后，按 1∶1 比例复原的马王堆汉墓惊艳全国，它与长沙科技公司合作，在墓坑壁上采用 3Dmaping 与空间结合渲染的艺术手法，演绎帛画、套棺构成的空间世界，使观众在这种极具冲击力的视觉传达手段中，深刻领会西汉时期人们对于死后世界的思考。国内博物馆也可借鉴国外博物馆跨界合作的案例，如谷歌与博物馆合作建立文物 3D 模型数据库，使用 3D 打印技术将文物复制出来；克利夫兰艺术博物馆与优熠合作，在馆内建造多点拼接触摸框，在"收藏墙"里放置了 3500 件艺术作品和预置的参观路线，"收藏墙"所使用的多点触摸框可同时满足 16 个人的操控。博物馆提供文化资源和研究成果，企业公司提供技术支持和商业创意，既能为博物馆新媒体注入新鲜血液，又能为企业公司赋予文化内涵，达到两者的合作共赢。

　　最后，还要强化监管力度，保护文物知识产权。对政府而言，应当加快推进文化法治建设，加强文化市场监管，尤其是网络监管，规范网民的网络行为。加大知识产权保护力度，打击违法违规行为，制止其他商家利用公共文化资源牟取私利，抵制低俗之风，营造良好的法制环境。2017 年 2 月，国家文物局印发了《国家文物事业发展"十三五"规划》，《规划》强调，要建设综合性、全方位的文物保护利用体系，全国重点文物保护单位、省级文物保护单位、市县级文物保护单位、尚未核定公布为文物保护单位的不可移动文物都要保护，健全文物安全责任体系。对博物馆而言，应当树立产权保护意识，对盗用情形进行追究赔偿。一是注重注册商标的申请、保护和利用，防止盗版产品分割博物馆利益，让大量博物馆文化产品难以进入市场情况的出现；二是申请、保护产品外观设计和相关的制作工艺专利；三是加强保护著作权，保证发明人的合法权益不得到侵害。

结　　语

　　博物馆是传统文化发展与传承的有效载体，其对开展与传播传统文化、非物质文化遗产发挥着极为重要的作用。新媒体的即时性、开放性、个性化、信息的海量性、低成本全球传播、检索便捷、融合性等特征皆可为博物馆利用，从而提升博物馆的核心竞争力。博物馆中的新媒体能够让博物馆做出有利于物质及非物质遗产保护、有利于社会大众的变革。未来，博物馆中的新媒体有更大的发展空间，而新媒体技术也只是博物馆发展的手段而非目的，博物馆的最终使命则是通过实现自身的进步来为社会发展做出贡献。

　　长期以来，公共文化服务和文化产业一直是我国文化建设的重要两翼，并且，政府和学界普遍认为前者属于公益性文化设施的主要职能，后者是经营性文化企业的主营业务。因此，有别于欧美国家，我国博物馆虽然在 20 世纪 80 年代已经开始探索从事产业化经营活动，但公益性文化事业单位的定位使其一直"耻于谈利"，发展文化产业面临着一系列来自外部政策环境、内部体制机制和从业人员思想观念上的束缚和制约，进展相当缓慢。近年来，随着国民经济和文化建设的不断发展，原本判然有别的公共文化服务和文化产业呈现出融合的态势，博物馆开发文化创意产品就是两者的一个很好的结合点。博物馆的免费开放在促进全民共享文化福祉的同时，也给博物馆自身运营带来了重重压力与挑战。在这样的背景下，我国内地博物馆借鉴国际知名博物馆的运营经验和筹资模式，在坚持公益性文化机构定位和功能的前提下，以丰富的馆藏文化资源为基础，研发、销售形式多样、特色鲜明的文化创意产品，无疑是树立自身品牌形象，增加经营性收入的关键途径。

　　在新媒体的背景下，发挥新媒体宣传广泛、使用便捷、传播方便、互动及时、科技体验的作用，融入新媒体技术多种展示手段，有效利用高新科技，推广新媒体技术在博物馆中的应用，激发博物馆的创新活力。同时，新媒体背景下研究博物馆的设计应用，能激发广大人民群众对传统文化的关注度，推动广大群众对传统文化内涵的深层解读，对弘扬地域文化，保护传统文化有着振兴民族发展的重大意义。

　　本文通过文献资料特别是外文文献的翻译积累，以及部分博物馆实地调查，大体概括了博物馆中新媒体的现状。限于新媒体"新"的特性以及新媒体概念的模糊性，本文的论述存在时间上的缺陷，并未对博物馆中的新媒体进行详细总结。随着经济发展和技术进步，新媒体在博物馆内大有可为，博物馆中也将出现相对更"新"的新媒体技术。总之，新媒体的引入对博物馆而言利大于弊，产生的新问题也将随着时间和技术的发展而得到解决。国内外对于发展了两千多年的博物馆与不足百年的新媒体结合的研究才刚刚起步，博物馆如何做出有利于自身更有利于社会大众的改变，在今后的工作中要进行深入的研究与探索。

参考文献

[1] 葛一达. 浅谈新媒体时代博物馆宣传教育工作 [J]. 东方收藏,
2017(7)：112.

[2] 吴婷婷. 论在新媒体时代下博物馆的运营宣传 [J]. 信息化建设,
2016（1）：60.

[3] 黄郁萱. 浅谈新媒体时代博物馆宣传的改革与创新 [J]. 新西部理论
版, 2016（17）：94.

[4] 叶倩玉. 浅析新媒体在博物馆展览宣传中的应用 [J]. 大众文艺,
2017（15）：66.

[5] 李晓斌. 玩转微信 [M]. 北京：机械工业出版社, 2014.

[6] 邱道勇. 微信改变世界 [M]. 北京：中国财富出版社, 2013.

[7] 连晓芳. 看博物馆如何"玩转"直播 [N]. 中国文化报, 2017-01-
26(007).

[8] 于晖. 社交媒体时代的博物馆 [N]. 中国文物报, 2014-08-19(005).

[9] 刘修兵. 新媒体让文物不再"高冷" [N]. 中国文化报, 2018-01-
11(007).

[10] 韩永丽. 国内社交媒体营销现状及发展趋势研究 [D]. 河南大学,
2014.

[11] 张鹏. 社交媒体为博物馆带来的新机遇与新思考 [J]. 博物馆研究,
2013（2）：25—29.

[12] 于森. 以观众为中心的博物馆展示与传播研究兼谈湖北省博物馆的
实践与探索 [J]. 中国博物馆, 2015(2)：97—102.

[13] 胡正荣, 段鹏, 张磊. 传播学总论 [M]. 第2版. 北京：清华大学出版社,
2008：193.

[14] 李晨, 耿坤. 关于博物馆数字文化资源开放极致建设的讨论 [J]. 中
国博物馆, 2020（2）：31—39.

[15] 孔达. 从英美经验看博物馆与社会包容 [J]. 中国博物馆, 2020（2）：

15-21.

[16] 眭小洁. 试析移动新媒体时代的博物馆宣传 [J]. 中国科技投资, 2017（26）.

[17] 巴哈古丽. 新媒体时代下的博物馆展览研究. 大众文艺, 2018, No. 429（03）：53.

[18] 周文劲. 浅谈新媒体时代的博物馆对外宣传 [J]. 今传媒, 2017（25）：96.

[19] 单晔. 新媒体时代博物馆陈展互动探析 [0]. 大众文艺, 2019, 455（05）：49.

[20] 丁明:《计算机技术在博物馆中的应用》,《江苏电器》, 2006 年第 4 期。

[21] 吴桂玲. 辽宁地方博物馆新媒体传播的创新性研究 [J]. 新闻研究导刊, 2018（03）：53—54.

[22] 潘佳佳. 浅谈新媒体时代利用视频博客（Vlog）发挥博物馆文化传播作用 [J]. 文物鉴定与鉴赏, 2019（12）：134—135.

[23] 刘卫东. 文化治理视域下的博物馆文化传播——以首都博物馆为例 [D]. 北京中国政法大学, 2020.

[24] 程希. 新媒体时代下博物馆文化传播现状分析——以湖北省博物馆文化发展为例 [J]. 北方传媒研究, 2019（6）：83—86.

[25] 唐婷婷. "互联网＋"视域下博物馆文化的融合传播策略及效果研究 [D]. 成都理工大学, 2019.

[26] 马乐. 民族博物馆文化传播策略研究——以云南民族博物馆为例 [D]. 成都电子科技大学, 2018.

[27] 严建强. 在博物馆里学习:博物馆观众认知特征及传播策略初探 [J]. 东南文化, 2017（4）：93-101, 127-128.

[28] 张鲁. 社交媒体时代的中国博物馆传播模式研究——以故宫博物院为例 [D]. 杭州浙江大学, 2016.

[29] 李季桐. 新媒体时代我国博物馆传播的信息传播方式研究 [D]. 沈阳: 辽宁大学, 2015.

[30] 魏敏. 新媒体时代的博物馆展览：基于观众研究的分析与探索 [J].

东南文化，2013（6）.

[31] 宋娴，胡芳，刘哲，等 . 新媒体与博物馆发展 [M]. 上海：上海科技教育出版社，2014.

[32] 简·基德 . 新媒体环境中的博物馆：跨媒体、参与及伦理 [M]. 胡芳，译 . 上海：上海科技教育出版社，2017.

[33] 马玉静 . 试谈新环境下的博物馆跨媒体叙事 [J]. 中国博物馆，2018（3）

[34] 于奇赫 . 对大众传播与博物馆互动关系的反思：以中国博物馆的公共教育为中心 [J]. 博物馆管理，2020（3）.

[35] 彭兰 ."新媒体"概念界定的三条线索 [J]. 新闻与传播研究，2016（3）.

[36] 匡文波 . 关于新媒体核心概念的厘清 [J]. 新闻爱好者，2012（19）.

[37] 卡尔，马克思，弗里德里希，恩格斯 . 马克思恩格斯全集：第3卷 [M]. 中共中央编译局马克思恩格斯列宁斯大林著作，编译 . 北京：人民出版社，2002：3.